남한산성 역사 산책

남한산성 역사 산책

초판 인쇄 2024년 12월 15일
초판 발행 2024년 12월 20일

지은이 김기영, 김명섭, 김이동, 심광주, 조병로, 최규근 (가나다순)
펴낸이 박찬익 | **책임편집** 권효진 | **편집** 이수빈
펴낸곳 박이정 | **주소** 경기도 하남시 조정대로45 미사센텀비즈 8층 F827호
전화 031)792-1195 | **팩스** 02)928-4683 | **이메일** pijbook@naver.com
홈페이지 www.pijbook.com | **등록** 2014년 8월 22일 제305-2014-000029호
ISBN 979-11-5848-988-5 (03910) | **가격** 18,000원

United Nations
Educational, Scientific and
Cultural Organization

World
Heritage
Convention

남한산성 역사 산책

김기영·김명섭·김이동
심광주·조병로·최규근
지음

박이정

책을 펴내며

　올해 2024년은 남한산성이 1624년(인조 4)에 재수축한 지 400년 된 해이며 또한 유네스코 세계유산으로 등재된 지 꼭 10년이 되는 해이다. 우리나라는 일찍이 "성곽의 나라"라고 말할 정도로 많은 산성이 축조되어 외적 방어에 튼튼한 군사요충지 역할을 하였다. 현재 남한지역에만 1,850여개의 성곽유적이 남아 있는데 그 중에서도 남한산성이 산성으로서는 유일하게 세계유산으로 지정되었다는 점에서 특별한 의미가 있다.

　남한산성은 신라시대 672년(문무왕 12)에 처음 주장성으로 신축되어 당나라와의 전쟁에서 북방 전진기지로서 중요한 군사적 거점이 되었으며, 고려 말에는 몽골군과 광주성 전투를 겪었다. 그리고 조선시대에 이르러 임진왜란과 정묘호란을 거치면서 그 중요성이 크게 인식되었고 마침내 인조시대에 이르러 재수축함으로써 도성 한양 방어를 위한 중요한 군사적 요충지 역할을 하였던 곳이다.

　이와 같은 남한산성은 성곽축성사의 입장에서 볼 때 축성기술의 시대적인 변천, 주민이 거주하는 산성도시로서의 특징, 군사·행정적인 건축물 건립 등 다양한 성곽 시설과 건물을 조성한 천험(天險)의 요새요 보장처였던 곳이다.

　그리하여 남한산성은 진전성, 온전성, 독창성과 희귀성 그리고 특별성 등에 따라 세계유산으로서의 보편적 가치 기준에 충족되어 2014년 6월 국내 유일의 산성으로서 11번째 등재된 국방유적이요 성곽유산이라고 말할 수 있다. 따라서 우리 후손들은 남한산성을 세계적인 문화유산으로서의 가치를 높이 인식하여 길이 보전 및 관리하여 계승 발전시키고 후손들에게 교육시켜야 할 임무가 있음을 절감한다. 그러나 현재까지 남한산성에 대한 연구와 체계적인 발굴 조사 보고서 등이 많이 간행되었음에도 불구하고 일반 독자들이 좀더 쉽게 남한산성을 종합적이고 구체적으로 이해하는데 필요한 책들은 그다지 많지 않다. 매우 안타까운 현실이다.

이에 우리 집필자들은 남한산성에 대해 보다 심층적으로 아는데 도움을 줄 필요가 있다는 데에 공감하고 최근의 연구성과와 고고학적 발굴 결과를 바탕으로 지역사 연구가들이 공동으로 집필하게 되었다. 이 책을 발간하는 데는 많은 관계 기관의 협조와 발굴보고서 및 연구논문 등을 참고 및 인용하였다. 특히 경기문화재단, 남한산성 세계유산센터와 토지주택박물관, 남한산성 역사문화관 그리고 광주문화원, 성남문화원, 하남문화원 등의 간행도서들의 도움이 매우 컸다. 이 자리를 빌어 감사의 뜻을 표하고자 한다.

또한 어려운 출판계 현실에도 불구하고 선뜻 출판에 응해준 박이정 출판사 박찬익 사장과 편집부 여러분을 포함하여 김기영, 김명섭, 김이동, 심광주, 최규근 집필자 여러분과 강희갑 사진작가님께도 감사의 말씀을 드린다.

끝으로 "무릇 적국과 외환이 있어야 반드시 나라가 망하는 것은 아니다.그러나 경계하는 마음이 없어서는 나라가 보존될 수 없다. 사람은 우환(憂患)에서 살고 안락(安樂)에서 죽는다"는 선현의 말씀처럼 유비무환은 예나 지금이나 본받아야 할 역사의 교훈이라는 사실을 잊어서는 안 될 것이다.

2024. 11. 20
집필자를 대표하여 조병로 쓰다.

목차

6장 임금님들의 남한산성 행차 · 277

1. 남한산성으로의 행차 · 278

2. 남한산성에서의 임금님들의 조치 · 281

1장
자연 및 인문환경

1. 남한산성의 자연환경

(1) 지리적 위치

북쪽의 개성, 서쪽의 강화, 남쪽의 수원과 더불어 서울 외곽의 4대 요새 중 동쪽 방어선에 해당하는 남한산성은 서울에서 동남쪽으로 약 24km 떨어져 있다. 남한산성은 신라 문무왕 때 쌓은 주장성(晝長城)의 옛터를 활용하여 축성한 조선 시대의 산성으로 북한산성과 더불어 서울을 남북으로 지키는 주요 거점이었다.

남한산성은 행정구역으로는 광주시, 하남시, 성남시에 걸쳐 있으며 성 내부는 경기도 광주시 남한산성면 산성리에 속해있다. 지리적으로는 북위 37°27′20″~37°29′50″, 동경 127°10′00″~127°12′43″ 범위에 있다.

이러한 지리적 위치는 경도(京都)의 보장지(保障地)로서의 남한산성의 위상을 높이는 역할을 한다. 다음 「동여도」에서 보듯이 남한산성은 인근의 아차산성·풍납토성·몽촌토성·이성산성·대모산성 및 북한산성과 유기적으로 연관되어 왕궁과 수도를 보장하는 역할을 충실하게 수행하게 하였다.

남한산성은 AD672년(신라 문무왕 12년)에 축성되었고, 1621년(조선조 광해

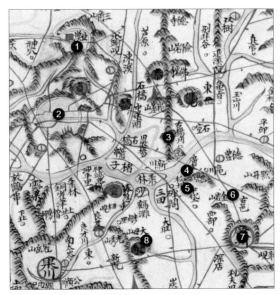

동여도 부분 범례 : ❶ 북한산성 ❷ 경복궁
❸ 아차산성 ❹ 풍납토성 ❺ 몽촌토성 ❻ 이성산성
❼ 남한산성 ❽ 대모산성

군 13년)에 처음으로 남한산성을 경도보장지(京都保障地)로 정하고 이후 후
금의 침입을 막고자 석성으로 개축하기 시작하였다.『중정남한지』의 「한남
루기」에 의하면 남한산성이라는 이름은 한강을 남쪽으로 둘렀다고 해서 성
진(城鎭)의 이름으로 하였다고 한다.

(2) 고위평탄면

남한산성은 지형적으로는 고위평탄면(High-level planation)을 이루고 있
다. 고위평탄면은 오랜 침식작용을 받은 삭박(削剝;지표면이 풍화작용을 받
아 풍화 물질이 이동하여 토지를 평탄하게 만드는 것)면이 융기하여 높은 고도

에 위치하게 된 지형을 말한다. 우리나라의 고위평탄면은 중생대 백악기 이후로 평탄화되었다가 신생대 제3기 중신세의 요곡운동에 의하여 융기되어 현재의 지형을 형성하였다. 고위평탄면의 흔적은 한반도의 등줄기인 백두대간의 오대산과 태백산 사이의 해발 900m 내외의 동일한 고도에서, 기복이 작고 사면의 경사가 완만한 곳에 널리 분포한다. 고위평탄면은 태백산맥의 분수계에서 서쪽으로 갈수록 점점 낮아지는데 충주 부근에서는 해발 600~700m, 남한산성에서는 400~500m의 고도에 분포하며 그 면적이 협소하다. 이들 고위평탄면의 경동성 요곡운동(傾動性撓曲運動)의 결과물이다. 경동성 요곡운동은 신생대 제3기에 융기의 축이 동해안으로 치우쳐 일어난 비대칭적 요곡운동인데, 이 운동으로 한반도는 동고서저의 경동 지형을 형성하게 되고 한국 방향의 산맥이 형성된다. 이전의 한반도 침식 잔유물로 생각되는 지형면이라는 점에서 지형학적 큰 의미가 있다.

남한산성 분지의 고위평탄면 3차원 사진

고위평탄면은 여름에도 기온이 낮아 고랭지 농업지역으로 이용된다. 그런 예는 태백산맥 중부지역인 대관령 부근을 중심으로 한 산간지역에 잘 나타난다. 그 밖에도 군사 방어적인 측면에서 산성이 구축되기도 하는데, 남한산성이 그 대표적 사례이다. 고위평탄면에 산성을 구축하게 되는 요인은 고위평탄면이 나타나는 지역의 지형도를 보면 쉽게 알 수 있다. 일반적으로 고위평탄면 내부는 그 주변부와 비교했을 때 급경사나 심한 굴곡이 없이 평탄한 면들이 분포하고 있음을 알 수 있다. 하지만 주변부로 갈수록 등고선 간격은 좁아지고 급사면을 이루게 되는데 이는 외부로부터 침입하는 적을 방어하는 데 상당히 유리하다. 게다가 내부의 넓은 평탄면에는 많은 수의 군사와 사람들이 거주할 수 있는 공간이 확보됨으로써 방어 기능을 배가시킨다. 이러한 장점들을 살려 남한산성은 주봉인 청량산(497m)을 중심으로, 북쪽으로 연주봉(467.6m), 동쪽으로 망월봉(502m)과 벌봉(515m), 남쪽으로 몇 개의 봉우리를 연결하여 11.76㎞(본성 9.05㎞)의 성곽을 고위평탄면 위에 조성하였다.

성안에는 경사가 완만한 평탄면이 있으며, 취락들이 입지해 있다. 성곽을 중심으로 밖으로는 급경사지를 이루며 주변 도시의 경관이 조망된다. 하지만 남한산성 내에서는 최근 관광지 개발 등으로 인하여 마을 단지가 조성되면서 자연경관 훼손이 심각한 상태이다.

(3) 남한산과 한강

한반도를 가로지르는 큰 물줄기가 바로 한강(漢江)이다. 한강이란 '큰 가람'이라는 뜻으로 금강산에서 발원하여 흐르는 북한강과 오대산에서 발원하여 흐르는 남한강이 두물머리에서 합수되어 서울을 감싸고 돌아 서해로

남한산의 지리적 위치(「경강부임진도」)

빠져나간다.

이러한 한강의 명칭으로는 대수(帶水)·아리수(阿利水)·욱리하(郁利河)·한수(漢水) 등이 사용되었다. 이 중에서 '대수'란 한반도를 띠처럼 두른다고 해서 붙은 명칭이고, '한수'란 큰 강이라는 의미이다.

한강을 가운데에 두고 그 북쪽과 남쪽에서 각각 큰 산줄기가 한북정맥과 한남정맥을 이루면서 한강을 감싸고 있다. 「경강부임진도(京江附臨津圖)」에서는 한강 남쪽의 남한산과 한강 북쪽의 북한산이 서로 마주 보는 형세로 그려져 있다. 북한산은 '한강 북쪽의 큰 뫼'라는 의미이고, 남한산은 '한강 남쪽의 큰 뫼'라는 뜻으로 북한산은 백운대·인수봉·만경대의 세 봉우리가 삼각형을 이룬다고 해서 삼각산이라고 부르며, 이 밖에 부아악(負兒岳;아기를 업고 있는 형상의 산), 부악(負岳) 등으로 불리기도 한다. 그리고 남한산은 예로부터 주장산(晝長山), 일장산(日長山), 남한산(南漢山), 청량산(淸凉山) 등으로 불러왔다. 북한산과 남한산은 생김새가 매우 대조적이다. 그림처럼 북한산은 뾰족한 모양이며, 반대로 남한산은 오목한 광주리 모양으로 한강을 경계로 조화를 이루고 있다. 석산(石山)은 화강암에 기반하여 큰 암석들이 빚어 놓은 산으로 돌산 또는 골산(骨山)이라고도 한다. 반면에 토산(土山)은 사암을 기반암으로 하여 흙이 켜켜이 쌓여 이루어진 산으로 흙산 또는 육산(肉山)이라고도 부른다. 생긴 모양으로 볼 때 북한산은 양(陽)에 속하는 석산(石山)이고, 남한산은 음(陰)에 속하는 토산(土山)으로 서로 음양의 조화를 이루고 있는 형상이다.

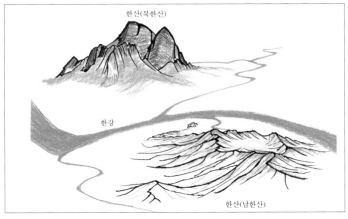

북한산과 남한산(장영훈, 『서울풍수』)

(4) 지질과 기후적 특성

남한산성의 지질은 회색 화강암과 화강편마암으로 구성되며, 지형은 한남정맥의 영향권 안에 있으며 구체적으로 검단지맥의 직접적인 영향을 받고 있다. 토양은 편마암계나 화강암을 모암(母岩)으로 하는 사질양토나 양토이다.

남한산성은 청량산을 중심으로 급경사로 된 화강편마암의 융기 준평원으로 내부는 약 350m의 구릉성 분지이다. 또한 산성리에서 엄미리에 이르는 지방도에 걸친 연변은 약 8㎞에 이르는 긴 협곡을 이루고 있다. 분지 내에는 고산지대인 관계로 하천의 발달이 미약하여 산성천이 유일한 하천으로 침식곡을 이루고 있다. 그리고 산정의 급경사면에 비해 북부 산록에는 경사가 하부로 갈수록 완만한 선상지성 하안단구가 발달하여 있다.

연평균 기온은 인접 도시와 약 4℃ 정도 낮은 기온 차가 나며, 연평균 강수량은 1,300㎜~1,400㎜이며 맑은 날의 평균 일수는 약 204일로 봄과 늦가을에 많이 분포하며 탐방객의 산성 이용에 촉매제 역할을 하고 있다. 산간지역의 계절 변화는 평지보다 1~2주 늦게 봄이 오고 일찍 겨울이 온다.

2. 남한산성의 인문 환경

(1) 남한산성의 역사적 인식

남한산성에 대한 역사적 인식은『중정남한지(重訂南漢志)』및 여러 사료에서 찾아볼 수가 있지만 여기서는『중정남한지』의 내용만 일부 소개한다.

• 남한산성은 백제의 옛터며, 신라의 주장성(晝長城)이다.…남한산은 지금의 일장산(日長山)이다. 역사에 이르기를 백제의 온조왕이 도읍을 한산 아래로 옮겼다 하였으니, 광주의 옛 읍치가 바로 그 땅이다. …그 땅이 한강의 남쪽에 있으므로 남한이라 한 것이요, 그 후 군명(郡名)으로 한산군 또는 남한산주라고 부른 것은 모두 한강 때문에 그렇게 불린 것이다. (『중정남한지』, 「남한(南漢)」15)

『중정남한지』표지

- 일장산은 남한산이라고도 하며, 용인의 보개산으로부터 왔다. 곧 광주부의 진산(鎭山)이며, 산 위에 성이 있다. 조선 중엽부터 돌연 청량산(淸涼山)이라고 칭해서 사람들이 청나라 사람이 내침할 징조라고 하였다. 산에 기우단이 있다.(『중정남한지』, 「산천(山川)」17)

- 서울 남쪽 40리에 산이 있으니, 일장산 또는 청량산이라고 한다. 그 산의 됨됨이가 속은 평평하고, 밖은 끊어져 성가퀴를 매달은 듯 높게 솟은 가마솥 같은 듯하여 이른바 매우 험난한 땅이다.(『중정남한지』, 「유차산루기」)

(2) 남한산성의 입지

청량산 혹은 남한산은 행궁의 주산이지만 곧 당시 광주부의 진산이기도 하였으며 매우 험난한 요새라서 예로부터 성을 쌓아서 활용하였다.

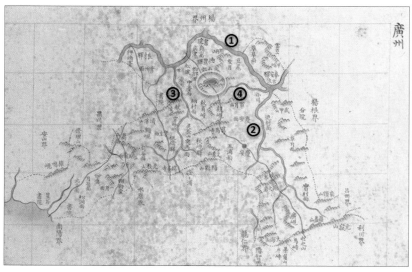

광주의 지리적 위치 「조선지도」(광주 부분)

남한산성의 입지를 옛 지도를 통해서 보면 북쪽은 한강(①), 동쪽은 경안천(②), 서쪽은 탄천(③)이 산성의 주위를 천연적인 해자(垓字)로 둘러싸고 있어 입지적으로도 전략적인 요충지라 할 수 있다. ④는 번천으로 남한산성에서 시작된다. 지도의 노란 원 부분이 남한산성에 해당한다.

(3) 남한산성의 산줄기

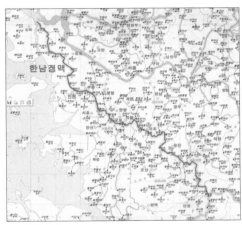
현재 지도상에서의 한남정맥

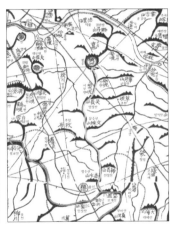
대동여지도 상의 검단지맥(노란선)

　　서북향하는 한남정맥 중의 한 산줄기가 용인에서 갈라져 북향하면서 검단지맥을 이루고 있는데 이 산줄기가 바로 남한산성의 산줄기가 된다. 한남정맥은 이름 그대로 경기도의 한강 본류와 남한강의 남쪽 유역의 분수령으로 해발 100m 미만의 낮은 등성이의 연결로서 서쪽에 있는 인천·시흥·안산·수원·오산·평택·천안 등 아산만을 중심으로 한 해안평야와의 경계를 이룬 산줄기이다. 검단지맥(黔丹枝脈)은 한남정맥의 선장산(350m) 북쪽

1.7km 지점인 용인 향린동산에서 서북쪽으로 분기해서 법화산(383.2m)·불곡산(335.4m)·영장산(414.2m)·검단산(542m)·청량산 또는 남한산(482.6m)·용마산(595.5m)·검단산(658.4m)을 거쳐 경안천이 한강에 합수하는 팔당댐에서 그 맥을 다하는 도상거리 45km인 산줄기이다. 검단지맥에는 검단산((黔丹山) 이름의 산이 두 개 있는데 그 이름을 따서 검단지맥이라는 이름을 부여했으며 이 검단지맥에 바로 남한산성이 자리잡고 있다.

(4) 남한산성의 지형

남한산성 영역은 산줄기로 둘러싸여 있으며 대체로 지맥선을 따라서 성벽을 쌓았다. 그리고 남쪽의 완경사지에는 옹성을 쌓아서 부족한 지세를 보완하였다. 남한산성의 지형 형태는 장방형으로 전체 둘레는 11.76km(본성 9.05km, 외성 2.71km)로서 동문지역을 제외한 대부분의 성벽 외부는

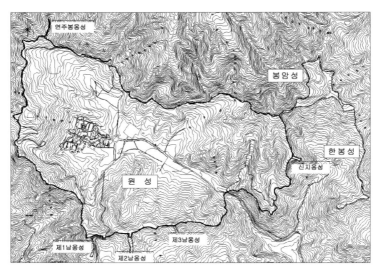

남한산성의 지형(이천우, 「남한산성 성곽발달사」)

400~500m 내외의 능선 지점을 연결하는 선이고, 성벽 외부는 대개 급경사 지로서 300~500m에 해당하는 험준한 산지에 마련된 축성의 효과가 큰 자연 지세를 이용하고 있다.

위 지도에서 보듯이 남한산성의 북쪽과 서쪽의 바깥쪽은 급경사를 이루어 험하고 가파르며, 안쪽은 해발 300m 정도의 낮은 분지로서 완만한 경사를 이룬 광주리 모양의 고로봉(栲栳峰) 형세로 천혜의 요새지이다. 성곽의 전체적인 형태는 성곽의 둘레 부분이 높고 험하며 중심 부분은 낮고 편편한 분지를 이루었는데 수비에 용이하고 성안에서의 거주가 편안하여 산성으로는 최선의 조건을 갖추었다.

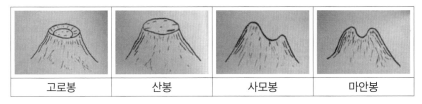

| 고로봉 | 산봉 | 사모봉 | 마안봉 |

산봉우리의 형태

정약용(丁若鏞)의 『민보의(民堡議)』와 신관호(申觀浩)의 『민보집설(民堡輯說)』에서는 산봉우리의 4가지 형태를 말하고 있는데, 고로봉(栲栳峯)이란 광주리처럼 물건을 담는 가운데가 오목한 그릇의 형태이다. 사방(四方)이 높아 적이 성(城)의 내부를 살필 수 없고, 중앙이 낮아 물이 충분하여 산성의 최적지로 평가되는데 남한산성의 지형이 바로 그러한 고로봉 형세를 이루고 있다. 산봉형(蒜峯形)은 마늘처럼 오뚝 솟은 산봉우리를 에워싼 것이고, 사모봉형(紗帽峯形)은 옛 모자인 사모를 닮은 형태로 산봉우리의 한쪽 기슭에 계곡을 이룬 것이고, 마안봉형(馬鞍峯形)은 양쪽이 높고 가운데가 잘록하여 마치 말안장처럼 생긴 지형을 말한다.

남한산성도(『동국여도』)   겸재 정선의 『송파진도』

이러한 고로봉 형세의 남한산성은 동국여도 중의 「남한산성도」나 겸재 정선의 「송파진도」라는 그림에서도 확인할 수 있으며 다음과 같은 여러 자료에서도 확인할 수 있다.

• 남한산성에 가서 보니 지세가 매우 좋고 여러 산을 묶어서 세운 듯한데, 성은 반공(半空) 위에 떠 있어 밖에서는 성이 있는 줄 알지 못하게 되어 있다. 성 가운데에는 들과 전답이 있고 사람도 역시 살고 있다. (유성룡(柳成龍), 『군문등록(軍門謄錄)』)

• 성안에는 산기슭이 서로 가로막고 있었으며 성 바깥에는 한두 봉우리가 서로 마주하고 있었으나 굽어보거나 엿볼 수가 없었습니다. (중략) 형세를 논한다면 도문의 보장으로는 제일이라고 할 수 있습니다. (『선조실록』 선조 36년 2월 18일(을사))

• 남한은 천혜의 험난함이 있으니 동에는 첩첩의 봉우리가 포개어 있고, 서남(西南)은 가파르고 험준하여 평평히 광야(廣野)에 임해 있다. (『중정남한지』, 「형승(形勝)」)

(5) 남한산성의 물줄기

　남한산성은 풍수적으로 전형적인 장풍국(藏風局)으로서 적절하게 바람을 갈무리하여 주변의 외기로부터 규국(規局) 내의 일정 공간의 기후·온도·습도 등을 일정한 조건의 상태로 유지해 주는 기능을 하고 있다. 완만한 지형의 분지가 형성되어 농지를 마련할 수 있고, 수량도 풍부하므로 산성 내에는 우물 80개, 샘 45개가 있었다고 전해져 온다.

　아래 지도에서 보듯이 성안의 여러 군데의 물이 모여서 좁게 한곳으로만 빠져나가는 형태를 이룬다. 여러 군데의 물이 모인다는 것은 외기의 유입이 풍부하다는 의미이고, 좁게 한곳으로만 빠져나간다는 것은 기의 손실이 적다는 뜻이므로 풍수상 길지(吉地)를 이루게 된다.

1872년 지방지도(남한산성 부분)

광주군 지도(남한산성 부분)

　1872년 지방지도를 보면 먼저 도로와 물줄기의 표현은 이전 지도보다 더욱 상세해진 것으로 보이며 성곽과 도로는 전체적으로 축척을 고려하여 그려진 것으로 보인다. 성안 도로는 남문과 북문을 잇는 남북도로와 동문에서 행궁으로 연결되는 동서도로, 그리고 동문에서 남북도로와 연결되는 또 다른 동서도로가 보이며 이 도로는 다시 천주사까지 이어지고 있다. 동서도로의 끝에는 행궁이 간략하게 그려져 있으며 전면 남쪽에는 객사인 인화관이 있다. 도로의 북쪽에는 성기고(城機庫)와 침괘정이 보이며 남북 도로와 교차하는 곳에 종각과 별고(別庫)가 있다. 행궁의 남쪽에는 수창(糠倉)과 영창(營倉)만이 있으며 남문의 아래인 동쪽에는 우실(右室)과 남창(南倉)이 표현되어 있다. 국청사에서부터 흘러온 물줄기의 북쪽에는 영고(營庫)가 있으며 그 아래에는 연무관(演武館)과 이아(貳衙)가 배치되어 있다.

또한, 그 아래쪽에는 동창(東倉)이 있고, 그 건너편 남단사와 한흥사 사이에 읍치의 사직단(社稷壇)이 있다. 한편 인화관 근처에서 시작되어 읍치를 동서로 관통하는 물줄기는 영고 앞을 흐르는 물줄기와 합수(合水)하여 지수당(地水堂) 연못을 거쳐 동문 옆의 수구(水口)로 빠져나간다. 광주군 지도는 1872년 지방지도보다 다소 거칠게 그렸으며 물줄기는 세 개만 표시되어 있다.

(6) 남한산성의 풍수 입지

남한산성의 주봉을 이루는 남한산은 남한산계와 광주부의 진산(鎮山:鎮護之山)이자 남한산성의 주산(主山:宅主之山)이다. 남한산 인근 지역의 많은 학교의 교가에는 '남한산 정기' 등등의 가사가 등장하고 있다. 중국 최초의 자전(字典)인 『설문해자(說文解字)』는 무려 1만(萬)여 자에 달하는 한자(漢字) 하나하나에 대해, 본래의 글자 모양과 뜻 그리고 발음을 종합적으로 해설한 책이다. 『설문해자』에서는 산(山)은 '여기저기에 기를 공급하여 만물을 생장시킨다'라고 해설하고 있다. 이렇게 볼 때 산은 높이보다는 기를 공급하여 만물을 생장시키는 기능이 중요하며 산은 특정 장소를 가리키는 개념이 아니라 봉우리, 산줄기, 골짜기, 시내 등을 포괄하는 집합적 개념이다. 현재 수어장대가 있는 청량산은 예로부터 일장산, 주장산, 남한산 등으로 불리다가 조선 중엽에 청량산으로 불리었다.

남한산성의 주산인 청량산의 모습

청량산은 사진에서 보듯이 아주 반듯한 모양을 지녔는데 풍수에서는 다음과 같이 무엇보다 주산이 반듯해야 한다고 강조한다. 풍수서 『지리신법(地理新法)』에서는 '주산(主山)을 살핌에 있어서, 주산이 반듯하면 국법(局法)도 모두 바르게 된다'라고 말하고 있다.

그럼 반듯한 모양이란 어떠한 모양을 의미할까? 반듯하다는 것은 '첨원방정'(尖圓方正)하다는 것으로 주산의 모양이 위 사진과 같이 뾰족하거나[尖], 둥글거나[員], 반듯하게 각이 진[方正] 형태라야 한다는 것이다. 풍수에서는 이를 목성(뾰족한 것), 금성(둥근 것), 토성(반듯하게 각이 진 것)으로 명명하여 이 세 가지 형태여야만 혈(穴)을 맺을 수가 있다고 본다. 즉, 혈이 맺히는 곳은 주산이 반듯해야 하는데, 형태상의 오행으로 본다면, 목형(木形), 금형(金形), 토형(土形)의 산만이 제대로 된 혈을 맺을 수 있고 그 나머지, 즉 화형(火形)이나 수형(水形)의 산에서는 혈이 맺히지 않는 것으로 본다. 청량산은 이 중에서 금형에 속하는 형태라서 혈을 맺을 수 있는 주산이다.

왼쪽으로부터 목성(첨)·금성(원)·토성(방정)

<집필자 : 김기영>

신남성 방향에서 본 제1남옹성과 남벽 (최규근 제공)

제2암문에서 본 장경사신지옹성 (최규근 제공)

제7암문 밖의 남벽 (강희갑 제공)

신남성 방향에서 본 남한산성 전경 (최규근 제공)

2장
남한산성의 역사

1. 삼국시대

(1) 백제와 남한산성

백제의 역사는 도성의 위치에 따라 한성 백제·웅진 백제·사비 백제로 구분하고 있다. 그중 한성 백제는 온조왕이 한성에 도읍한 기원전 18년부터 문주왕이 웅진(공주)으로 천도하는 475년까지 무려 493년 동안 지속되었다. 웅진 백제 63년, 사비 백제 103년과 비교하면 백제 역사의 대부분은 한강 유역을 중심으로 전개되었다고 해도 과언이 아니다.

그렇다면 한성 백제의 도성이었던 한성은 어디일까? 이 질문은 오늘날의 연구자들 뿐만 아니라 유형원, 안정복, 정약용 등 조선 시대의 학자들에게도 매우 흥미 있는 주제였다. 그 결과 한성의 위치는 임진강 유역, 삼각산 동록, 장안평 일대, 하남시 춘궁동, 풍납토성, 몽촌토성, 남한산성 등 다양한 장소가 후보지로 제시되었다.

백제의 도성을 구체적으로 묘사하고 있는 『삼국사기』의 기록을 살펴보면 다음과 같다. '475년 고구려 장수왕이 군사 3만 명을 거느리고 내려와서 백제의 한성을 공격하였다. 고구려군은 7일 만에 북성을 함락하고 개로왕이 있던 남성을 공격하였으나 왕은 성문을 닫고 나가 싸우지 못하였다. 고구려군은 성의 양쪽에서 공격하였으며, 바람을 이용하여 성문을 불태웠다. 이에 개로왕은 서문을 열고 달아나다가 고구려군에 잡혀서 아차산 아래에서 살해당하였다. 고구려군은 한성을 함락하고 개로왕을 죽인 후 남녀 8천 명을 사로잡아서 돌아갔다(『삼국사기』 백제본기 개로왕 21년조).'

이 기록에 따르면 백제의 도성이었던 한성은, 북성과 남성으로 나뉘어 있었다. 성벽은 3만 여 명의 고구려 군대가 포위 공격을 하였으나 7일을 버텨낼 수 있을 정도로 견고했다. 도성 주변에 8천 여 명 이상이 살 수 있는 넓은 주거 지역을 갖추고 있었다. 남성은 피난성이며 북성의 전투상황을 바라볼 수 있는 곳에 있었다. 그렇다면 이러한 조건에 맞는 백제성은 어디였을까.

1980년대 초부터 한성 백제의 도성을 찾기 위한 발굴조사가 본격적으로 시작되었다. 그 중 하나가 몽촌토성에서 동쪽으로 5km 거리에 있는 이성산성이다. 이성산성은 조선 시대 실학자 정약용이 백제 온조고성(溫祚古城)이라 주장한 이래로 백제의 도성이거나 도성을 방어하는 산성으로 추정되었다.

이성산성은 1986년부터 30여 년 동안 한양대학교 박물관에서 발굴 하였다. 전체 둘레 1,655m 에 달하는 이성산성 내부에서는 8각 건물지와 9각 건물지를 비롯하여 다수의 장방형 건물지, 집수시설 등이 확인되었다. 유물은

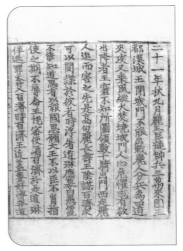

고구려 장수왕의 백제한성 함락기사가 수록된 『삼국사기』백제본기 개로왕 21년조(국사편찬위원회한국사 데이터베이스 자료 사진)

6세기대의 전형적인 신라 토기인 단각고배와 호, 벼루, '남한성(南漢城)'명 목간, 기와 등이 출토되었다.

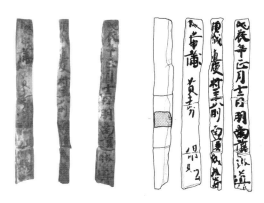

이성산성 1차저수지에서 출토된 목간(한양대학교박물관 1991, 165)

이성산성의 축성법은 세장방형 가공성돌, 바른층쌓기, 협축식 성벽, 현문식 성문, 장방형 집수지, 초석건물지 등을 특징으로 한다. 이러한 축성법은 이성산성의 축성주체가 신라임을 알수 있게 하는 핵심적인 근거자료이다. 동시기의 고구려, 백제, 신라, 가야의 축성법은 모두 달랐기 때문이다.

이성산성은 백제성이 아니라 553년 신라가 한강 유역으로 진출하여 쌓은 신주(新州)의 치소성(治所城)으로 밝혀진 것이었다. 계속된 발굴조사를 통하여 이성산성은 초축 이후 8세기대에 대대적인 수축이 이루어진 양상도 확인되었다. 특히 목간의 명문을 통하여 삼국시대에는 이성산성이 신라의 한성 또는 남한산성, 아차산성이 북한산성으로 불리었던 것으로 밝혀졌다.

이성산성의 남쪽 춘궁동과 교산동 일대에는 넓은 평탄지가 있다. 남쪽에는 남한산성이 있고 객산과 금암산으로 둘러쌓여 있어 일찍부터 한성백제의 도성지로 추정되어 왔다. 특히 교산동에서 확인된 대규모 초석건물지는

하남 교산동 대형건물지와 각종 명문기와
(좌측명문이 '廣州客舍')

백제의 궁궐터라는 견해가 끊임없이 제기되었다.

이에 따라 교산동 건물지는 1999년부터 2003년까지 경기문화재연구원이 발굴하였다. 건물지는 북쪽이 트인 ㄷ자 형태이며 최소 14동의 건물이 있는 것으로 파악되었다. 건물지에서는 '광주객사(廣州客舍)'명 기와가 출토되어 고려시대 광주부의 관아 건물로 추정되었다.

하남시 춘궁동과 교산동에서 남쪽으로 이어지는 하사창동 일대에는 대규모 사찰터가 있다. 이곳에 있었던 국내 최대 규모의 철불은 현재 국립중앙박물관에 있으며, 대좌는 하남역사박물관에서 관리하고 있다. 「원종국사혜진탑비」와 『고려사』를 비롯한 문헌기록에도 등장하는 이 사찰은 '천왕사'라 불리었으며 창건시기는 백제로 추정되어 왔다.

그러나 2000년부터 시작된 시굴조사 결과 천왕사지는 통일신라 말에 창건되어 고려시대 전기간 동안 존속했던 것으로 확인되었다. 춘궁동 일대에 소재하는 하남 동사지 역시 천왕사와 거의 비슷한 시기에 창건되어 운영되었던 것으로 밝혀졌다. 따라서 이성산성을 포함한 하남시 춘궁동 일원은 당초 예상과 달리 한성 백제의 도성과는 전혀 관련이 없는 것으로 밝혀진 것이다.

하남 천왕사지에서 출토된 고려시대 철불과 각종 기와 막새

남한산은 해발 522m로 한강 남안에서 가장 높은 산이다. 이곳에서는 풍납토성과 몽촌토성을 포함한 한강유역 일대가 한눈에 조망된다. 더구나 산 정상부에는 둘레 8km에 달하는 남한산성이 있어 조선 시대부터 백제와의 관련성이 제기되어 왔다. 전통적인 한국의 도성제가 평지성과 산성이 세트 관계를 이루고 있었으므로 평지에 도성에 대응하는 방어성이 남한산성이라 하였다. 적이 침입해 왔을 때 남한산성 만큼 피난하기 좋은 입지가 없다는 것이 그러한 주장의 근거였다.

축성법은 축성 주체와 축성 시기에 따라 모두 다르다. 토목기술의 유형에 따라 축성법이 다르고, 기술이 발전함에 따라 축성법은 계속 변화되었기 때문이다. 전쟁의 규모나 축성의 목적도 성곽의 규모나 축성법에 직접적인 영향을 주었다.

한성 백제 시기 축성법의 특징은 목책(木柵)과 토성이었다. 『삼국사기』에 등장하는 34개의 백제 성곽 중 목책이 8개소에 달할 정도로 백제는 목책을 많이 설치하였다. 또한 백제는 일찍부터 중국과의 교류를 통하여 '판축공법(版築工法)'이라 불리는 발달된 토성 축성법을 받아들였다. 한성백제 시기의 석성은 거의 확인되지 않으므로 도성은 물론이고 산성도 대부분 토성으로 쌓았을 것으로 추정된다.

발굴 결과를 보면 남한산성 어디서도 목책이나 토성의 흔적은 확인되지 않았다. 둘레 8km에 이르는 남한산성이 규모도 한성 백제시기의 산성으로서는 너무 크다고 할 수 있다. 웅진·사비 시기 백제 산성의 규모도 대부분 500m 내외이기 때문이다. 백제 유적으로는 성 내에서 수혈주거지 2기와 다수의 저장구덩이가 확인되었을 뿐이다. 따라서 남한산성이 한성 백제의 도성이었거나 도성을 방어하는 산성이었을 것이라는 견해는 더이상 받아들이기 어렵다.

지금까지의 연구결과 한성 백제 시기의 도성으로 밝혀진 곳은 서울의 풍납토성과 몽촌토성이다. 풍납토성은 한강변에 있는 평지성으로 둘레가 3.5km에 달한다. 1997년부터 한신대학교 박물관과 국립문화재연구소가 발굴하였다. 조사결과 성벽은 판축공법으로 정교하게 쌓은 것으로 밝혀졌다. 성내에서는 대규모 의례용 건물과 수혈건물지와 기와 건물지, 우물, 도로 유구 등이 조사되었다. 건물지에서는 와당을 포함하는 다량의 기와, 삼족기, 고배, 기대, 직구단경호 외에도 전문도기(錢文陶器), 육조계의 벼루 등 중국계 유물들이 출토되어 화려하고 웅장했던 국제도시 백제 한성의 모습을 재현할 수 있게 되었다.

한성백제의 도성으로 추정되는 풍납토성 성벽 단면

몽촌토성은 남한산의 북쪽 능선 말단부에 있다. 해발 50m 내외의 구릉을 이용하여 둘레 2.7km의 대규모 산성이다. 1983년부터 서울대학교박물관이 발굴 조사하였다. 몽촌토성은 자연지형을 이용하여 판축공법으로 쌓았으며 성내에서는 지상 건물지, 성토대지, 수혈 주거지, 저장시설, 집수시설 등의 유구가 확인되었다. 중국제 시유도기, 청자류, 금동제 과대 금구, 각종 철기류, 골제 찰갑 등 다양한 유물이 출토되었다. 동남쪽 고대지에서는 백제 한성을 함락하고 고구려군이 몽촌토성에 주둔하였음을 알 수 있게 해주는 고구려 유물들이 집중적으로 출토되었다. 한성백제 시기 백제 도성은 풍납토성과 몽촌토성이라는 것이 발굴조사를 통하여 명확하게 밝혀진 것이다.

(2) 남한산성의 백제 주거지

남한산성에 대한 발굴조사는 1998년부터 실시되었다. 조선시대 행궁터에는 해방 이후 민간에게 불하되어 산성호텔이 들어서 있었다. 발굴을 위하여 산성호텔을 철거하고 행궁지의 상궐과 하궐, 좌전, 인화관터와 성벽을 중심으로 발굴조사가 이루어졌다.

행궁터는 산성 서쪽 중심부에 있으며, 상대적으로 지대가 높아 산성내부를 한눈에 조망할 수 있는 곳이었다. 조사 결과 행궁 상궐터 뒤쪽에서 백제 주거지 2개소와 저장용 구덩이 8개소가 확인되었다. 주거지는 후대에 자연 침식되거나 교란되어 원형을 알기 어려운 상태이다. 일대에서 호와 시루, 발, 직구단경호, 완 등 다양한 백제 토기가 출토되었다.

남한산성 행궁 뒤편에서 확인된 백제 수혈주거지와 저장구덩이

이러한 백제유구와 유물들을 백제의 도성과 관련이 있는 것으로 보기는 어렵다. 풍납토성이나 몽촌토성과 비교할 때 매우 주거지의 양상도 소박하

고 출토유물은 양적으로나 질적으로 빈약하기 때문이다. 성남이나 용인, 화성 등 경기도 일원의 야산 정상부에서도 이러한 규모의 백제주거지가 백 여 군데 이상 확인되고 있다. 생활의 불편함을 감수하면서 산꼭대기에 주거지를 마련한 것은 잦은 전쟁으로 인한 불안감 때문이었을 가능성이 크다. 여하튼 발굴조사 결과를 토대로 추론하면 남

남한산성에서 출토된 백제토기
(토지박물관 2003, 화보)

한산성이 구축되기전, 이곳에는 백제 주민들의 일부가 살고 있었다는 것을 알 수 있다.

상궐터 발굴 전 모습

상궐터 발굴 모습

(3) 신라의 한강유역 진출과 남한산성

『삼국사기』의 기록에 의하면 475년 고구려 장수왕이 한성을 함락시킨 이후 한강 유역 일대는 고구려의 영역에 속하였다. 고구려는 후퇴하는 백제의 뒤를 따라 남하하여 아산만에서 영일만의 이북지역을 고구려의 영토에 포

함시킨 것으로 보인다.

아차산 일대에서 확인되는 다수의 고구려 보루들과 몽촌토성에서 발견되는 고구려 집터와 많은 고구려 토기들은 장수왕의 남정 이후 고구려 군사들이 주둔하며 남긴 흔적들이다. 안성 도기동산성과 대전 월평동산성, 청원 남성골산성 등의 고구려 성곽은 고구려가 금강상류지역까지 진출했음을 입증하는 중요 자료들이다.

고구려의 남진 당시 남한산성에 백제 산성이 있었다면 고구려유물도 발견되었을 가능성이 크다. 전투를 통해 고구려가 점령하고 일시적으로라도 주둔했을 것이기 때문이다. 그러나 남한산성에서 고구려 유물은 확인되지 않았다. 한성 백제 시기는 물론 고구려의 남진 시기에도 남한산성에는 방어시설이 전혀 설치되지 않았기 때문이다.

『삼국사기』의 기록에 따르면 신라와 백제의 연합군은 551년에 고구려를 임진강 이북지역으로 몰아내고 한강유역을 차지하였다. 이어서 2년 후인 553년 신라는 백제가 차지하였던 한강 하류 지역을 점령하고 신주(新州)를 설치하였다. 이 신주의 치소성이 바로 이성산성이다.

남한산의 능선은 두 갈래로 나뉘어 동쪽은 객산을 이루고 서쪽은 금암산을 거쳐 이성산에서 마무리된다. 이성산은 해발 209.8m 로 남한산에 비하여 높지 않지만, 북쪽으로 한강 유역, 서쪽으로 풍납토성과 몽촌토성 및 아차산 일때까지 한눈에 조망되는 전략적 요충지이다. 신라는 이곳에 석성을 쌓고 신주의 치소를 설치하였다.

이성산성에서는 단각고배류를 특징으로 하는 6세기 중엽의 유물이 다수 출토되었지만 남한산성에서는 전혀 확인되지 않았다. 축성법도 서로 다르다. 이성산성의 성돌은 편암계의 장방형 할석이지만, 남한산성은 사각추 형

하남 이성산성 서문지 부근

태로 가공한 화강암이 사용되었다. 이성산성은 협축식으로 쌓았지만 남한
산성은 편축식으로 쌓았다.

　이러한 축성법의 차이는 이성산성과 남한산성은 축성 시점의 차이가 있다
는 것을 의미한다. 남한산성에서 확인되는 주장성의 축성법은 7세기대 후반
에야 출현하는 축성법의 특징이다. 따라서 이성산성이 축성되는 6세기 중엽
부터 7세기대 중엽까지도 남한산성에는 산성이 없었다는 것을 알 수 있다.

2. 통일신라 시대

(1) 대당 전쟁과 주장성 축성

그러면 남한산성은 언제 처음 쌓았을까?『삼국사기』에는 672년(문무왕 12년) 한산주에 주장성(晝長城)을 쌓았는데 둘레가 4,360보라 하였다.

『삼국사기』에는 성곽의 둘레를 모두 보(步)로 표기하였다. 1보의 길이는 통상 6척(尺)이었다. 자의 종류는 영조척(31cm), 포백척(46cm), 주척(20cm), 양전척(1m) 등으로 다양하므로 어떤 자를 기준으로 하느냐에 따라 1보의 길이도 달라질 수 밖에 없다.

《조선왕조실록》의 1597년(선조 30년) 2월 25일자의 내용을 보면 남한산성을 쌓기 전에 측량한 기존 성곽의 규모를 포백척으로 17,400척이라 하였다. 포백척의 단위 길이는 46cm 정도이므로 주장성의 둘레는 8,004m로 환산된다. 8,004m를 4,360보로 나누면 1보의 길이는 대략 183cm 이다. 183cm를 6척으로 나누면 1자의 길이는 30.5cm이다.

통일신라 시기에는 당척(唐尺)을 영조척으로 사용하였다. 당척의 단위길이는 30cm 내외이다. 이성산성 C지구 집수지에서도 단위길이 30cm인 목제 당척 실물이 출토된 바 있다. 따라서『삼국사기』에 수록된 1보는 당척 6척을 기준으로 하였으며 길이는 대략 1.8m 정도였음을 알 수 있다.

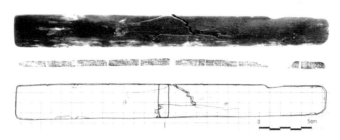

하남 이성산성 C지구 집수지에서 출토된 목제 당척
(한양대학교박물관 2000, 180)

통일신라시대에 사용된 보의 단위길이는 경주 관문성의 명문기록을 통해서도 밝혀졌다. 관문성의 장성에서 연결되는 신대리산성에서 축성내용을 기록한 10개의 명문석이 확인되었다. 제1명문석은 '骨 南界 居七山 北界受地 七步一尺'이라 하였으며, 제2명문석은 '骨 北界受地四步一尺八寸'이라 쓰여 있다. 제1명문석과 제2명문석의 거리는 760cm 이다. 이를 4보 1척 6촌으로 환산하면 1보의 길이는 1.8m 정도이다. 역시 당척 6척을 1보로 했다는 것을 알 수 있다.

조선 시대에 수축된 남한산성 원성의 규모는 8km 정도이다. 주장성과 선형이나 규모가 동일하다는 것을 알 수 있다. 주장성은 당시까지 신라가 쌓은 전국 최대 규모의 산성이었다. 이는 신라의 영토를 당으로부터 지켜내는데 주장성이 얼마나 중요했는지를 짐작할 수 있게 한다.

주장성을 쌓을 당시에 이미 북쪽으로 5km 지점에 한산주의 치소성(治所城)이며 한성 또는 남한성으로 불리었던 이성산성이 있었다. 그럼에도 불구

하고 신라는 해발 500m가 넘는 높은 산 위에다 대규모 산성을 쌓아야만
했을까?

당시 신라의 한산주는 지금의 경기도 전역과 충청북도의 일부까지를 포괄
하는 넓은 지역이었다. 고대국가에서 산성은 관할지역의 군사와 행정중심지
기능을 겸하고 있었으므로 한산주의 치소성이었던 이성산성에서 가까운 곳
에 행정중심지의 기능을 하는 성곽을 별도로 쌓을 필요는 없었을 것이다.

주장성의 축성 시점인 672년은 신라가 이미 당나라의 힘을 빌려 백제
(660년)와 고구려(668년)를 멸하고, 삼국을 통일한 이후에 해당된다. 성을 쌓
는 것은 예나 지금이나 많은 비용과 인력이 필요한 일이다.

보은의 삼년산성은 둘레가 1,680m인데 성을 쌓는 데 3년이나 걸려 삼년
산성이라 하였다. 둘레 1,665m인 이성산성을 쌓는 데 270만 개의 성돌이
사용되었고, 연인원 64만 명 정도의 많은 인력이 동원된 것으로 추정한 연
구결과도 있다. 아마도 둘레 8km의 석축산성인 주장성을 쌓는 데는 연인원
3백만 명 이상이 동원되었을 것이다. 당시 신라의 인구가 대략 250만 명 정
도였음을 감안하면, 주장성을 쌓는 일은 그야말로 신라의 국운을 건 대 토

삼년산성(충북 보은읍)

목공사였음을 알 수 있다.

신라가 이렇게 무리하게 주장성을 쌓은 이유는 당나라와의 전쟁때문이었다. 당은 신라와 연합하여 백제와 고구려를 멸망시킨 후 대동강 이남 지역의 땅을 신라에게 주기로 한 약속을 어기고 백제와 고구려의 옛 땅에 각각 웅진도독부와 안동도호부를 두어 직접 지배하려 하였다. 심지어 당은 경주에 계림도독부를 설치하여 신라까지도 그들의 영토로 편입하고자 하였다.

당시 당나라는 인구 규모나 군사력 수준에서 세계 최대의 강국이었다. 당은 고구려와의 전쟁에 무려 1백만 명의 병력을 동원하기도 하였다. 신라와의 전쟁에도 5만 명에서 20만 명의 병력을 동원할 수 있을 정도였다.

병력의 규모나 첨단 무기를 장착한 기마군단, 병법 등에서 신라는 당나라의 적수가 될 수 없었다. 당나라의 한반도 영토화 전략에 직면한 신라의 운명은 그야말로 바람 앞의 등불이었다.

그러나 신라는 한 치도 물러나지 않고 당과의 전쟁을 시작하였다. 신라는 사비성 함락 이후 10여년 만인 670년(문무왕 10년)부터 백제 고지를 신라의 영토로 편입시키는 군사 작전에 돌입하는 한편, 고구려 부흥 운동을 지원하여 함께 당에 대적하였다.

당과의 전쟁에서 신라는 당나라의 정계에 진출한 신라인이나 유학 승려 등을 통하여 입수한 정보를 적극적으로 활용하였다. 당시 서역 지방에 반란이 일어나서 당나라가 신라와의 전투에 총력을 기울일 수 없다는 정보도 이들을 통하여 알게 되었다. 당군의 병력 이동 상황이나 작전 계획을 사전에 파악하고 대비책을 강구하기도 하였다.

672년에는 당군에 대항하기 위하여 장창당을 새로 창설하였다. 당군의 주력부대인 기마부대에 대항하기 위하여 길이 5m에 달하는 긴 창을 소지

한 장창 부대를 새롭게 편성한 것이다. 이 부대는 실제로 백수성 인근의 전투에서 당군이 기마부대를 상대로 큰 전과를 거두기도 하였다.

성곽 축성을 전문으로 하는 공병 부대인 대장척당은 전국의 요충지에 유사시 입보할 수 있는 피난용 산성을 쌓았다. 신무기 개량에도 박차를 가하여 천보(약 1.8km)나 날아가는 쇠뇌를 개발하기도 하였다.

신라는 한편으로는 공격을 감행하면서 다른 한편으로는 사신을 보내 양국의 갈등을 외교적으로 해결하는 양면 전략을 취하였다. 문무왕은 국서를 당나라 황제에게 보내어 "신의 죄는 죽어도 오히려 남음이 있어 남산의 대나무로도 신의 죄를 다 기록할 수 없고, 들판의 수풀로도 신을 처벌할 형틀을 만들기에 부족할 것입니다. 저의 종묘와 사직을 헐어 늪과 연못으로 만들고 신의 몸을 찢어 죽이더라도 사정을 듣고 판단을 내려 주신다면 죽음을 받겠습니다(『삼국사기』 신라본기 12년조)." 라며 자세를 낮춘 외교적 수사를 총동원하여 명분을 쌓으면서 당이 신라와의 약속을 지킬 것을 강력하게 요구하였다.

이렇게 절박한 상황 속에서 신라는 국가의 운명을 걸고 남한산에 주장성을 쌓은 것이었다. 남한산은 수만 명의 적이 에워싸고 공격하더라도 쉽게 함락시킬 수 없는 하늘이 내린 전략적 요충지였다. 성 내에는 대규모 창고를 만들고 수만 석의 군량미를 비축해 두었다.

'청야입보(淸野入保)' 전술이었다. 적군이 현지에서 식량을 조달하지 못하도록 난공불락의 산성을 만들고 먹을 것을 모두 산성안으로 옮겨놓고 모든 사람들도 산성으로 피난하도록 하였다. 적이 지치게 되면 공격하고, 적이 우회하여 지나가면 적의 보급로를 차단할 계획이었다. 이렇게 하면 아무리 군사력이 우수한 당나라라고 하더라도 오래 버티지 못할 것이기 때문이었다.

이처럼 주장성을 쌓은 일은 당과의 전면전을 감수하면서라도 이 땅을 내어주지 않겠다고 하는 신라인들의 확고한 의지이자 염원이 담긴 대 토목공사였다. 아마도 수만명이 동원되어 목숨을 걸고 성을 쌓았기에 1년이 안 되는 짧은 기간 동안에 축성 공사를 마칠 수 있었을 것이다. 물론 그 배경에는 5세기 후반부터 축적되어 온 석축산성의 축성 경험과 뛰어난 기술력이 뒷받침되었기에 가능했을 것이다.

672년 주장성 축성 이후 673년에는 왕경에 서형산성과 북형산성을 증축하였으며, 국원성과 소문성, 이산성, 주양성, 주잠성, 만흥사산성, 골쟁현성 등 각 주의 전략적 요충지에 입보용 산성을 새로 쌓거나 수축하였다.

675년 신라는 당나라 설인귀가 이끄는 보급함대를 천성(오두산성) 인근에서 격파하였다. 이어서 이근행이 이끄는 20만 대군을 매초성에서 물리치고 676년 기벌포 전투에서도 승리하였다. 이로써 나당 전쟁은 신라의 승리로 끝나게 되었다. 나당전쟁에서 신라가 승리함으로써 신라는 패강(대동강) 이남 지역의 땅을 모두 확보하게 되었으며, 수백 년 동안 끝없이 지속된 삼국간의 전쟁과 나당 전쟁을 종식하여 통일신라 시대의 찬란한 문화를 꽃피울 수 있는 토대를 구축하였다.

남한산성 북성벽에서 확인된
통일신라 성벽의 내벽부
(중원문화재연구원 2007, 화보)

(2) 성벽에서 확인된 통일신라 성벽 유구

남한산성이 신라의 주장성이라는 것은 어떻게 알 수 있을까? 조선 초기에 간행된 『세종실록지리지』를 비롯하여 대부분의 조선시대 지지자료에 남한산성이 주장성이라고 기록되어 있다. 『조선왕조실록』에는 남한산성이 조선시대에 수축이 되기 전까지만 해도 성벽의 절반 이상이 파괴되기는 했지만 이용이 가능할 정도로 석축 성벽의 상당 부분이 남아 있었다고 하였다. 『중정남한지』에는 인조대에 성을 쌓을 때에 옛터를 따라서 쌓았으며, 남한산성이 있는 청량산은 원래 일장산 또는 남한산이라고 불리었는데 조선 중엽부터 청량산이라고 부르게 되었다고 하였다. 따라서 기록자료만 보더라도 남한산성이 주장성이라는 것을 분명하게 알 수 있다.

남한산성 성벽(화강암으로 모서리를 둥글게 가공한
장방형 성돌의 대부분은 주장성 성돌을 재활용한 것으로 추정된다)

그러나 남한산성이 주장성이라는 구체적인 물증은 발굴조사를 통해 확인되었다. 2000년 토지박물관은 연주봉옹성과 장경사신지옹성, 북문 구간 등

보수 공사가 이루어지는 구역의 성벽에 대한 발굴 조사를 실시하였다. 조사 결과 조선시대 이전 시기의 성벽 구조는 확인되지 않았으나 곳곳에서 통일신라시대 토기편이 확인되어 현존 성벽이 통일신라 시대와 관련이 있음을 짐작할 수 있게 했다.

뒤이어 2005년 중원문화재연구원은 북문과 동장대 사이에 있는 제4암문과 수구지 주변에 대하여 발굴 조사하였다. 조선시대 성벽 안쪽의 배수시설 입수구를 조사하는 도중 지표 아래 4m 깊이에서 조선시대 성벽과 축조 방법이 다른 성벽 유구를 발견하였다. 조선시대의 일반적인 축성 기법은 성벽의 표면에 해당하는 면석이 쉽게 무너지지 않도록 뒤를 채우는 뒤채움 부분의 두께가 1~2m 정도로 얇은 데 비하여 신라 시대의 축성 기법은 성벽의 높이만큼 두껍게 성벽의 안팎을 돌로 쌓아 올라가 사다리꼴 모양으로 만들고 그 안쪽을 흙으로 다지는 것이 일반적이었다. 통일신라시기에 이르면 편축화 되는 양상이 확인되지만, 곡간부를 지나는 구간은 여전히 협축식으로 구축되었을 가능성이 있다.

신라 시대의 성벽은 조선 시대의 성벽에 비하여 훨씬 더 높고 견고하였지만, 조선시대 성벽보다 더 많은 성돌과 노동력을 필요로 하였다. 발굴에서 확인된 것은 바로 이러한 신라시대 축성 기법으로 쌓은 성벽이었다. 충주 장미산성처럼 성벽 안쪽에는 성벽을 따라 평행하게 배수 시설이 구축되어 있었는데, 이러한 축성 기법으로 볼 때 발굴된 성벽은 주장성의 일부임이 분명하다. 문헌 기록으로만 전해 오던 주장성의 성벽 유구를 고고학적인 조사를 통하여 드디어 밝혀낸 것이다.

지금 남아있는 남한산성 성벽의 면석 중 너비 30cm에 두께 20cm 크기이고, 앞면은 네 모서리가 둥글게 다듬어지고 뒷뿌리는 뾰족한 화강암 성돌은, 조선 시대에 개축을 하면서 상당 부분 재활용된 주장성 성벽의 면석일 것으로 추정된다. 이러한 형태의 성돌은 옥수수알 모양의 성돌이라 하며 주장성을 쌓은 시점과 거의 비슷한 시기에 개축이 이루어지는 이성산성 2차 성벽의 성돌과 매우 유사하다.

남한산성 정비 공사를 위하여 성벽을 해체해 보니 성벽의 뒷채움돌 중에서도 면석으로 사용되었던 성돌이 섞여 있었다. 이것들은 주장성에 사용되었던 면석중 조선시대 성벽의 면석으로 재활용되지 않고 뒤채움돌로 사용된 것이라고 생각된다. 결과적으로 통일신라시대의 주장성은 사라진 것이 아니라 축성 기법만 조선시대의 양식으로 변형되었을 뿐 지금까지 그 위치에서 남아있다고 할 수 있을 것이다.

(3) 조선시대 행궁터에서 발견된 대형건물지

2004년 4월 남한산성 토지박물관 조사단은 행궁지에 대한 6차 발굴 조사를 실시하고 있었다. 행궁 하궐지 앞마당의 토층 상태를 확인하기 위하여 동-서 방향으로 길게 너비 1m로 땅을 파내려가는 중이었다. 지표에서 1m 정도 깊이에서 크기 50cm 가 넘는 대형 기와들이 무더기로 출토되기 시작했다. 통일신라 시대의 대형건물지가 드러나는 순간이었다.

남한산성 행궁하궐터 앞마당에서 노출된 대형기와(토지주택박물관 2010, 화보)

하궐지 앞마당에서 통일신라 시대 건물지가 발견됨에 따라 조사기간은 연장되었다. 이후 2년여에 걸쳐 통일신라 건물지를 전면 발굴하였다. 건물지는 길이가 53.5m, 너비가 18m에 달하는 대규모 건물로 밝혀졌다.

남한산성에서 확인된 통일신라 대형 장방형 건물지(초석위에 사람들이 서 있음)

통일신라 건물지에서 확인된 기와더미(토지주택박물관 2010, 화보)

건물지 주변에는 많은 양의 기와들이 켜켜이 쌓여 있고 숯과 불에 탄 흙
이 덮여 있었다. 화재로 건물이 무너지면서 그대로 묻혀버린 것으로 추정되
었다. 건물은 사방으로 회랑칸을 두어 비를 피할 수 있게 만든 구조였다. 벽
체의 두께는 무려 2m나 되었다. 이러한 구조의 건물지는 이성산성에서는
확인되지 않는 독특한 구조였다.

놀라운 것은 기와의 크기이다. 기와는 대부분 길이 50cm 내외의 대와(大
瓦)였다. 그 중에는 길이가 64cm에 달하고 기와 한 장의 무게가 20kg에 달
하는 기와들이 다수 있었다. 국내에서 뿐만 아니라 세계에서도 유례를 찾을
수 없는 특대형 기와였다.

대형와들은 크기와 무게에서 조선시대 기와의 4~6배에 달하였다. 왜 이렇
게 큰 기와를 지붕에 올렸는지는 여전히 풀리지 않는 과제이다. 건물지 아랫
부분을 조사한 결과 이 건물지는 무거운 지붕의 하중을 견딜 수 있도록 벽
체를 두께 2m 정도로 견고하게 판축을 하여 조성한 것으로 밝혀졌다.

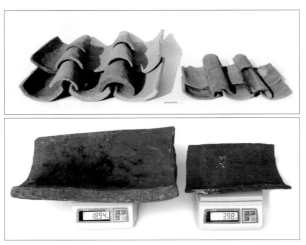

통일신라 대형기와와 조선시대기와의 크기와 무게 비교
(토지주택박물관 2010, 화보)

초석 하부에도 구덩이를 파고 점질토와 자갈이 섞인 사질토를 교대로 다짐하여 대지를 조성하였다. 초석을 놓기 위한 적심심은 대지 조성을 하면서 설치하였다. 이후 외진주초석을 놓고 한 단 높여서 내진주 초석의 적심과 초석을 놓았다. 벽체가 돌아가는 부분의 하단에는 두껍게 숯을 깔고 기둥을 먼저 세우고 판축 방법으로 벽체를 쌓아올렸다. 대지 조성에서부터 건물이 완성까지 일련의 공정은 마치 완벽한 설계도가 있었던 것처럼 발달된 건축기술을 보여주고 있다.

문제는 건물의 용도이다. 일부 학자들은 건물지가 대규모라는 점을 들어 관청건물 또는 의례용 건물이라고 주장한다. 그러나 2m에 달하는 두꺼운 벽체 구조와 건물지 내에서 유물이 거의 발견되지 않은 점, 특대형의 기와를 사용하였지만 관청이나 사찰 또는 의례용 건물이라면 사용되었을 와당이 전혀 사용되지 않은 소박한 건물이라는 점으로 미루어 이 건물지는 군수물자를 저장하였던 창고였을 것이라는 것이 발굴단의 주장이다.

양주 대모산성이나 홍성 석성산성 내부에서 발견된 두꺼운 벽체의 건물도 대부분 창고로 추정되므로 발굴단의 주장이 더 설득력이 있다고 할 수 있다. 건물 내부 공간의 크기는 두꺼운 벽체를 제외하고도 약 1,400㎡인데 이 정도 규모면 80kg 들이 군량미 약 7천 가마를 보관할 수 있는 대형 창고라고 할 수 있다.

이 대형건물지가 언제 조성되었는지 알기 위하여 발굴 과정에서 수습한 숯으로 절대연대를 측정한 결과, 시료의 연대는 대부분 AD600~900년으로 확인되었다. 이는 건물지에서 출토된 인화문 토기편과 목 부분에 물결 무늬가 있는 대형 항아리, 각병 등의 토기나 기와의 제작 및 사용연대가 7세기 후반에서 10세기 전반이라는 분석 결과와 거의 일치하고 있다. 따라서 이 건물지는 성벽 발굴 조사에서 확인된 신라식 성벽 유구와 함께 주장성 관련 유구로 추정된다.

이러한 크기의 창고는 둘레 8km에 달했던 주장성의 규모에 어울리는 내부시설이라고 할 수 있으며, 성 내에는 이러한 대규모의 창고가 여러 동이 있었을 것으로 추정된다. 창고에는 대당 전투에 대비하기 위한 수만 석의 군량미와 무기들이 비축되어 있었을 것이다. 남한행궁 하궐지 앞마당에서 발견된 대형 건물지는 한 줄의 기록으로밖에 남아있지 않은 주장성에 관한 많은 이야기를 전해 주고 있다.

(4) 통일신라 명문기와

통일신라 건물지에서는 많은 명문기와가 출토되었다. 명문이 타날된 기와는 주로 수키와였으나 암키와에서도 확인된다. 대부분의 명문은 기와 제작과정에서 음각으로 글자를 새긴 타날판으로 찍어 글자는 양각으로 돌출되어 있다.

출토된 명문와의 종류는 대략 10여 가지 정도이며 그 그중 가장 많은 양을 차지하는 것이 '갑진성년말촌주민량(甲辰城年末村主敏亮)'명 기와이다. 여기서 '갑진(甲辰)'은 기와가 제작된 해를 의미하며, '성년(城年)'은 산성의 성벽이나 건물에 대한 대한 보수공사가 이루어진 해일 가능성이 있다고 생각된다. 그다음의 '말촌주(末村主)'는 기와제작을 주관한 관리의 직함이거나 제작지역을 의미하는 것으로 생각되는데 말촌이 구체적으로 어디를 의미하는지는 알 수 없다.

촌주는 지방민을 효율적으로 다스리려고 지방의 유력자에게 준 신라시대 지방행정조직의 말단 관직이었다. 자연촌락 2~3개를 관할하면서 대개 중앙에서 파견한 지방관을 보좌, 행정업무를 담당하였다. 이처럼 '말촌주'명 기와가 많이 출토되는 것은 남한산성의 축성과 유지보수에 말촌주가 중요한 역할을 하였음을 의미하는 것으로 생각된다.

다음으로 많은 양을 차지하는 것이 '마산정자와초(麻山停子瓦草)' 명 기와이다. 여기서 '마산정'이라는 용어는 기와를 만든 지역명을 의미하는 것으로 판단된다. 통일신라시대에 정은 가장 핵심적인 지방군으로 한산주에 남천정과 골내근정이 있었고 나머지 각주에 1개의 정이 있어 모두 10개의 정이 있었으며 '마산정'에 대한 기록은 보이지 않는다.

그러나 『삼국사기』에 태종무열왕이 660년에 '사라정(沙羅停)'에 주차하였다는 기록이 있는 것으로 보아 10정 이외에도 국방과 치안의 요충지 여러곳에 지역의 명칭이 붙여진 정이 있었을 가능성을 제시해 주는 자료로서 의미

통일신라 건물지에서 출토된 명문기와, 좌측이 '甲辰城年末村主敏亮',
우측이 '麻山停子瓦草'명 기와(토지주택박물관 2010, 화보)

가 있다고 생각된다.

와초(瓦草)는 기와를 의미하는 우리말 '디새'를 한자로 표기한 것이다. 질
그릇으로 만든 지붕재료라는 뜻이다. 그 외에 '관초(官草)'명 기와는 관에서
사용하는 기와라는 의미로 이해된다. 명문와의 제작 시기는 대략 9세기 초
로 추정되고 있다.

3. 고려시대

(1) 몽골의 침입와 광주성전투

고려시대에는 남한산성에 대한 직접적인 기록이 없다. 다만 광주부사를 지낸 이세화(李世華)의 묘지명에 다음과 같은 기록이 있다. "1231년 몽고병의 1차 침입시 조정에서는 도읍을 옮기려 하였는데 광주는 중요한 곳이므로 이세화를 보내어 지키게 하였다. 이 해 11월에 몽고의 대군이 와서 광주성을 포위하고 몇 달 동안 온갖 계교로 공격하였는데 이세화는 군민과 더불어 주야로 수비를 튼튼히 하고 적이 전혀 예측하지 못하는 방법으로 공격하여 혹은 생포하고 죽인 수효가 매우 많았으므로 몽고군이 성을 함락하는 것이 불가능하다는 것을 알고 드디어 포위를 풀고 물러갔다. 광주는 남쪽 길의 요해지에 해당하므로 이 성이 함락되었다면 기타의 성은 알 수 없는 일이다."

1232년 2차 침입시에도 살례탑(撒禮塔)이 이끄는 몽고군의 주력 부대가 광주성을 공격해 왔으나 이세화가 물리쳤다는 내용이 기록되어 있다. 이세화의 묘지명은 고려시대의 문신인 이규보의 『동국이상국집』후집에 실려 있다.

광주 수령에 임명된 이세화는 광주산성에 입보한 주현민을 지휘하여 수 개월간 몽골군의 포위공격을 막아내었다. 기발한 임기응변으로 몽골군을 살상하거나 포로로 잡은 것이 많았다고 한다. 광주산성을 함락시키지 못하고 남하한 몽골군 총사련관 살례탑은 그해 12월 처인성 전투에서 전사하였다. 그러나 이세화는 조정의 부름을 받지 못하고 3년이나 광주에 머물렀다 (강재광 2018, 132)

『고려사』에는 1361년(공민왕 10년) 홍건적 10만이 침입하여 개경을 함락시켜 공민왕이 안동으로 파천하는 상황 속에서 광주에 수레가 머물렀을 때 이곳 아전들과 백성들이 모두 산성으로 올라갔다는 기록이 있다.

이들 기록에 등장하는 광주성은 남한산성이 분명하다. 광주성은 광주 읍치에서 가까운 전략적 요충지로 주민들이 들어가 방어하기 유리한 입보용 산성이었다. 고려시대 광주의 읍치는 지금의 하남시 춘궁동 일원에 있었던 것으로 알려져 있다.

고려시대 광주의 읍치는 하남 교산동 건물지와 조선시대 향교 주변으로 추정된다. 고려 시대의 문신인 목은 이색이 쓴 「청풍루기」에 보면 '내가 광주를 관찰하니 3면은 높은 산이고 북으로만 터지고 멀지만, 지세가 낮아 관청과 민가가 우물바닥에 있는 것 같으니 손님이 오는데 어찌 비루함을 괴로워하지 않겠는가'라며 산으로 둘러싸인 평지에 있었던 읍치의 위치를 묘사하고 있는데 이는 현재 향교 주변을 중심으로 한 춘궁리 일대의 지리적 여건과 매우 흡사하다.

고려시대 광주 읍치의 주변에 있는 산성으로는 이성산성과 남한산성이 있다. 이성산성은 6세기 중엽 신라에 의하여 축성되어 9세기 중엽까지 신주와 한산주의 읍치였으나 고려시대 이후에는 거의 활용되지 않았다. 이성산성은 접근성이 좋아 행정중심지로서는 적합하지만 입보용 산성으로서는 적합하지 않았기 때문일 것이다.

고려시대의 산성들은 해발고도가 높고 접근이 어려운 곳에 구축된 것이 일반적인 특징이다. 포천 운악산성과 양평의 함왕성, 충주 대림산성처럼 성 내부가 넓고 해발 500m가 높아 군사들과 인근지역 주민들이 입보하여 농성하기 유리한 곳이 선택되었다. 따라서 이성산성보다 남한산성이 훨씬 더 방어에 유리하였을 것이다. 따라서 광주 지역 주민들이 입보하여 몽고군과 싸운 광주성은 남한산성이었음이 분명하다고 판단된다.

(2) 성내에서 발견된 고려시대 건물지

이세화 묘지명에 '광주성이 임금이 의지하는 '남방의 요충지'로서, 몽고군의 침입 시 밤낮으로 성을 수리하고 방비하였다'는 기록이 있다. 이는 고려시대에도 전략적인 필요에 의하여 부분적으로 주장성에 대한 수개축이 이루어졌음을 의미한다. 다만, 고려시대에는 전면적으로 개축하거나 수축한 것이 아니고, 조선시대에 전면 개축이 이루어져 현존하는 성벽에서 그 흔적을 찾아내기는 어렵다.

실제 발굴조사에서도 딱히 고려시대의 성벽 유구라고 볼 수 있는 것은 확인되지 않았다. 다만 성벽을 따라가면서 산성 내부의 곳곳에서 고려 시대의 기와들이 발견되고 있다. 이는 조선시대 산성에 설치된 군포(軍鋪)처럼 고려시대에도 병사들이 보초를 서면서 숙식을 하였던 작은 건물들이 구축되어 있었다는 것을 의미한다.

행궁 뒤편에서 확인된 고려시대 건물지(토지박물관 2003, 화보)

행궁 뒤편에서 확인된 고려시대 온돌건물지(토지박물관 2003, 화보)

행궁 권역에 대한 발굴 조사에서 기와가 사용된 고려시대의 지상건물은 확인되지 않았다. 그러나 서원 지역과 행궁 담장 서쪽과 남쪽 등 3개 지역에서 고려시대 건물지가 발굴되었다. 건물은 짚이나 갈대 등으로 지붕을 올린 움집 형태이며, 건물 내부에는 추위를 막기 위한 ㄱ자형 온돌 시설을 구비하고 있는 것이 특징이다. 온돌은 2줄의 고래가 되도록 3열로 판석재를 세우고 그 위에 뚜껑돌을 덮은 구조이며, 요즈음의 온돌과 달리 건물 내부에서 부분적으로만 난방이 이루어지는 구조였다. 건물 내부에서는 고려청자편과 고려백자편, 분청사기 편 등이 출토되어 이 건물들은 여러 번에 걸쳐 개축하면서 고려시대 중·후기에서 조선 초기까지 상당히 오랜 동안 사용되었음을 알 수 있다.

<집필자 : 심광주>

4. 조선시대

(1) 조선 초기의 남한산성 인식

개경에서 한양으로 수도를 옮긴 조선 초기에도 남한산성은 '일장성' 또는 '일장산성'으로 알려졌다. 조선 초기에 이르러서 일장성은 남쪽의 왜구 방어 대책으로서 중요하게 인식하기 시작하였던 것이다. 더욱이 광주의 판교-낙생지역은 군사적으로나 교통상으로 매사냥터와 강무장(講武場-군사훈련장)으로써 관심이 집중되었으며 왜인들이 서울로 오는 길목에 위치하여 군사, 교통상 중요한 위치였다. 그것은 1407년(태종 7) 2월 광주 낙생역 앞뜰에서 강무를 행한 것에서 잘 알 수 있다. 특히 능행이나 온천행, 사신 왕래로에 위치한 광주 판교-낙생역은 사신들의 숙박처로서 중요시 되었다. 따라서 광주지역과 인접한 일장성, 곧 남한산성은 선초부터 주목되었던 것이다.

그리하여 이와 같은 일장성을 수축하자는 논의가 있었다. 그 이유는 여말선초에 왜구가 서남해안 지역에서 창궐하고 여진족이 변경을 자주 침략하자 국경 및 진보(鎭堡-변방의 군사진지)를 방어하기 위하여 연해지역의 읍성과 산성, 그리고 북방의 4군6진 지역의 개척에 따라 방어를 강화하자는 여론 때문이었다.

일찍이 태종은 중앙집권체제를 확립하여 점차적으로 왕권을 안정시킨 가운데 일장성, 곧 남한산성 수축문제를 처음으로 제기하였다. 직접적 계기는 1410년(태종 10) 1월, 요동을 다녀온 이자영(李子英)의 정세보고에서 비롯되었다. 이자영이 요동지역에서 달단(韃靼;몽골족)의 군사들이 요동 북문을 공격하여 성 밖의 주민들을 노략질해간다는 사실을 보고하자 이 지역에 대한 방어를 정비하도록 지시한 태종은 이직(李稷)을 보내어 광주의 일장성(日長城, 뒤의 남한산성) 수축 가부에 대하여 의논케 하였다. 그러나 이 지시가 일장성 수축으로 이어졌는지는 알 수 없다.

그런데 태종은 1413년(태종 13) 7월, 각 고을에 산성을 하나씩 수축하고 창고를 짓도록 조치하여 변경과 국내를 물론하고 산성을 중심으로 한 방어체제를 갖추게 되었다. 이유는 조선을 둘러싼 동북아시아의 정세가 급변하여 전쟁 위기감이 고조되었기 때문이다. 특히 명나라가 왜구를 정벌하리라는 첩보는 명군이 조선을 거쳐 일본 왜구를 토벌하게 되면 이로 인해 조선의 피해는 커질 뿐만 아니라 명의 조선에 대한 침략 의구심마저 들었기 때문이다. 이에 따라 전국적인 산성입보(山城入堡) 전략에 의한 방어체계를 구축하고 실행하기 위하여 각 성보와 군기를 점검하고 군량미를 수납하며 각 고을의 산성 옛터를 수리하거나 축조할 곳을 조사하도록 조치한 것으로 보아 일장성은 어느 정도 수리되었을 것으로 추정된다.

그러나, 남한산성의 수축은 세종대에 이르러서 강화의 교동산성과 함께 수축하도록 하였다. 즉, 1418년(세종 즉위년) 10월 경기군기점고찰방(京畿軍器點考察訪)의 건의에 따른 것이다. 당시 수축의 규모에 대해서는 자세히 알 수 없으나 『세종실록』 지리지에 의하면 "일장산성은 주치(州治;광주 읍치)의 남쪽에 있어 높고 험하며 둘레가 3천 9백 93보이며, 안에는 군자고(軍資庫)와 우물이 7개 있으며, 또 밭과 논이 모두 1백 24결 있다"고 전하고 있는 것으로 보아 일장산성은 군사시설로 중요하게 인식하여 사용되었음을 알 수 있다.

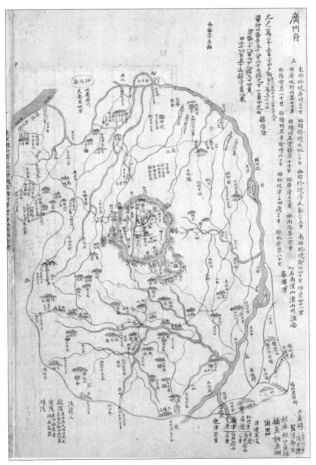

광주부지도(『해동지도』, 서울대학교 규장각, 1995)

(2) 임진왜란 전후 남한산성 수축 논의 제기

조선초기의 일장성이 언제, 어떻게 남한산성으로 바뀌게 되었는지는 상세히 알 수 없으나 『조선왕조실록』에 따르면 1593년(선조 26)경부터 '남한산성'이라는 명칭이 나타나고 있다. 이러한 남한산성의 수축문제가 다시 초미의 관심사로 여론의 도마위에 오르게 된 것은 임진왜란이 일어난 직후였다. 그 이유는 임진왜란으로 도성이 쉽게 함락되자 전략상 중요한 위치를 차지하였던 산성에 대하여 축조할 필요성이 증대되었기 때문이다. 임진왜란의 와중에 경기지방의 행주산성이나 독성산성에서 일본과의 싸움에 승리한 정부는 산성의 효능에 대해 크게 고무되면서 옛 성이나 성지를 수축 또는 개축하는 방안을 모색하였던 것이다. 그 결과 1592년(선조 25) 수원의 독성산성(禿城山城), 파주의 마산고성(馬山古城), 양주의 검암산고루(儉岩山古壘), 여주의 파사성(波娑城), 죽산의 죽주고성(竹州古城) 등을 새로 쌓았던 것이다.

그런데, 남한산성이 임진왜란의 와중에 산성으로서의 전략적 중요성은 인식되었으나 수축보다는 방어문제가 먼저 논의되었다. 1593년(선조 26)에 파죽지세로 쳐들어 온 왜구로 인하여 도성을 포기하고 의주로 피난가지 않을 수 없었던 선조는 명나라 군대의 원조아래 환도하여 도성 방어에 대한 대책을 의논하게 되었다. 이에 유성룡(柳成龍)은 광주·이천 등의 군사를 취합하여 남한산성을 지킬 것을 주장하게 되었다. 그것은 수원의 독성산성과 용인의 석성산성을 수축하면 남한산성과 함께 도성 방어의 중요한 관방구실을 할 것이라 판단한 것이기 때문이다.

한편, 1596년(선조 29) 12월에 비변사(備邊司-변방의 국방 담당기구)는 한강 방어의 하나로 여주·양근·광주 등으로부터 도성에 이르는 강변의 여울을 파수하기 위하여 보(堡)를 쌓거나 토성을 축조하여 목책을 설치하도록 하고, 남한산성에는 유정(惟政)이 거느린 승군 60여명을 보내어 산성을 수비토록 하였다.

당시 남한산성의 형세를 조사한 동지사 노직(盧稷)의 보고에 따르면 남한 산성의 둘레는 포백척(布帛尺)으로 1만 7천 4백여 척의 석축으로 축성된 천 험의 요새지였으나 거의 3분의 2가 퇴락한 상태이고 곡성(曲城)으로 쌓았으 며 큰 개울과 6개소의 우물이 있고, 전답이 상당히 개간되어 있었던 것 같 다. 그러나 수축문제는 동문과 남문 그리고 수구문은 이미 수리를 끝마친 상태이나 성역의 공사가 너무 거창하고 방대하였기 때문에 광주의 군사를 동원하여 돌을 운반하고 성지를 수축하려 했으나 농사철이라 실시하지 못 하였다.

그리하여 1603년(선조 36) 2월에 이르러 남한산성 수축 논란은 재연되었 다. 선조 임금이 "남한산성의 형세는 동방의 으뜸이며 광주의 거진(巨鎭)으 로 남쪽지방을 왕래하는 요충지로써 여기에 산성을 수축하여 군사를 조련 하고 지키게 한다면 경도(京都)의 보장이 되고 밖으로는 여러 진을 제어할 수 있다"고 강조하였으나, 변방의 국방을 맡고 있는 비변사는 다소 신중한 편이었다. 군사를 조련하면 경도의 보장이 되고 여러 진을 제어할 수 있는 계책이라고 인정하면서도 부근 고을이 피폐하고 인력이 부족한 것을 이유 로 소극적이었다.

결국 임진왜란 후 도성방어책으로써 남한산성을 수축해야 한다는 필요성 은 크게 인식되었지만 왜란 후 국가부흥과 민생안정을 도모해야 할 당시의 형편상 대규모적으로 산성을 수축하는데 있어서 많은 인력을 동원해야 수 선할 수 있고 만약 수선한다 하더라도 수만 명의 군사가 없으면 지키기 어렵다는 현실론에 떠밀려 논의만 분분한 채 남한산성의 수축은 거의 실시되지 못하였다.

(3) 인조시대의 남한산성 원성(元城)의 수축

1) 남한산성 수축 배경

① 인조반정과 이괄의 난

남한산성의 수축에 대한 논의가 다시 활기를 띠기 시작한 것은 인조반정 이후였다. 인조반정이란 광해군시대의 대북정권이 임해군과 영창대군을 살해하고 심지어는 인목대비까지 유폐시키는 사건이 일어나자 사림세력으로부터 크게 지탄을 받아, 율곡 이이의 문하생인 이귀(李貴)를 중심으로 이서(李曙)·김류(金瑬)·신경진(申景禛)·구굉(具宏)·구인후(具仁垕)·장유(張維)·심기원(沈器遠)·김자점(金自點) 등이 1623년(광해군 15) 3월 13일 광해군을 폐위하고 능양군 종(綾陽君 倧)을 추대한 사건이다. 인조반정으로 말미암아 새로운 정치세력으로 등장한 것은 서인(西人)이었다.

서인은 사림을 존숭한다는 기치아래 붕당정치를 구현하고자 이원익(李元翼)등 남인(南人)을 등용하여 정국의 안정을 꾀하는 한편, 중앙군사력의 강화와 친명배금(親明排金)의 외교노선을 표방하였다. 임진왜란 이후 훈련도감을 제외한 호위청의 설치를 포함한 총융청·어영청·수어청의 설치는 서인정권의 군사력을 장악하는 계기를 만들었고 특히 외교정책의 변화는 후금(청)을 자극하여 자연히 서북방 변방의 방어에 소홀할 수 없게 되었다. 장만(張晚)을 도원수, 이괄(李适)을 부원수로 삼아 하삼도(下三道-충청, 경상, 전라도)로부터 군사 1만 5천여 명을 동원하여 서북 방어를 강화한 것은 그런 이유에서였다.

반면에 경기군사는 서북 방어를 위한 부방군에서 제외시키고 도성 방어와 국왕의 호위병으로 만들려고 노력하였다. 특히 장단, 양주, 이천 등의 군사들도 인조반정에 직접 가담하였기 때문에 유사시를 대비하는 국왕 호위병력의 증강은 불가피하였다.

따라서 남한산성의 수축문제는 인조반정 이후 서인세력의 대표인 이귀가 적극 주도하였다. 그는 경기군(京畿軍)을 금위군(禁衛軍)으로 삼아 국왕호위병으로 하자고 주장하는 한편 도성 이외의 지켜야할 곳으로 남한산성을 미리 수축할 것을 주장하였다. 이에 인조도 금위군(禁衛軍) 창설문제를 의논토록 하고 광주목사 임회(林檜)로 하여금 산성을 수축하도록 하였다.

이와 같이 인조 초기에 남한산성을 적극 수축하자고 주장하게 된 배경에는 안으로 국왕과 도성을 방어하고 밖으로는 유사시 왕실의 피난처로서 적합하였기 때문이었다. 특히 당시 조정에서는 서쪽 변방의 방어에 세심한 우려를 나타내고 있었다. 인조반정 이후 서인정권은 광해군시대의 중립외교 노선을 포기하고 숭명반청(崇明反淸)으로 돌아섰기 때문에 후금을 크게 자극하게 되었다. 그리하여 1623년(인조 원년) 윤 10월에 비변사는 서쪽 변방을 우려한 나머지 도성 방어를 이서와 신경진에게 위임하여 사태의 완급에 따라 조치하도록 하였다.

그러나 1624년(인조 2) 정월에 이괄의 역모가 뜻밖에 일어남으로써 임회는 경안역에서 피살되고 산성수축 문제는 물거품이 되고 말았다. 원래 이괄은 인조반정시 홍제원 집결지에서 대장의 지휘권 문제로 김류와 다툰 바 있었으며, 논공행상에 있어서도 2등공신 밖에 되지 않고 오늘날의 서울시장인 한성판윤에 제수되었다. 이후 조정에서는 서북지방의 오랑캐의 후환을 두려워하며 이괄로 하여금 평안병사 겸 부원수로 삼게 되자 더욱 불만을 품게 되었다. 그리하여 1624년(인조 2) 정월에 귀성부사 한명련(韓明璉)과 공모하여 거병하였다. 이때의 군사력은 1만 5천 명의 병력으로써 중앙의 금위군보다 훨씬 숫적으로 우세했다. 당시 중앙군은 훈련도감군 외에 장단군 1천 명 미만, 수원군 2천 여명, 어영군 2백여 명, 4대장 군관 5백여 명 정도에 불과하였다.

이괄의 반란군은 관군과의 충돌을 피하기 위하여 서북대로인 영변→안주→평양→황주→평산→개성으로 남하하지 않고 영변→자산→상원→평산→개성의 사잇길을 택하여 도성으로 입성하였다. 반란군의 남하소식을 들은 평양의 도원수 장만은 이를 중간에서 차단하려 했으나 실패하였다. 끝내는 송도 청석동을 지키던 경기감사 이서의 군사력마저 교란시키면서 임진강까지 압박해 왔다. 임진강은 도성방어의 최후 보루였다. 이곳은 이귀의 어영군, 이흥립의 수원군 그리고 파주목사 박효립의 군사력까지 배치되었으나 박효립의 내통으로 마지막 방어선도 쉽게 적의 수중에 들어가버렸다.

이에 어영군 이귀는 황급히 도성으로 들어와 인조가 남쪽으로 피난할 것을 건의하여 2월 9일 훈련도감과 어영군의 호위를 받으며 공주로 피난하였다. 이괄의 반란군은 10일 도성을 점령하고 흥안군(興安君; 瑅)을 국왕으로 추대까지 할 정도였다.

그러나 이에 대한 관군의 대응 또한 만만치 않았다. 평산에서 크게 패한 도원수 장만의 군사는 적을 뒤쫓으면서 경기감사 이서의 군대와 합세하여, 임진강을 넘어 서울 입구인 안현(鞍峴;길마재)에서 반란군과 접전 끝에 크게 이겼다. 이 안현싸움은 반란군에게 결정적으로 타격을 주었으며 그 결과 이괄은 수구문→삼전도→광주→이천으로 퇴패하던 중 광주 경안역 부근에서 부하 기익헌(奇益獻), 이수백(李守白) 등에 의해 살해되었다.

그러나 이괄의 난이 비록 짧은 시일 내에 진압되었지만 도성의 함락과 왕의 공주파천까지 초래하여 도성방어 대책은 어느 때보다 절실히 요구되었다. 그리하여 이괄의 난은 어영군의 증강과 총융군의 성립 이외에 수도방어를 위해 남한산성 수축을 더욱 가속화시키는 계기가 되었다. 특히 이서는 경기군을 정비하고 강도 경영(江都 經營)과 남한산성 수축을 병행하여 적극적으로 추진하게 되었다. 이것은 남한산성을 단순히 국왕의 피난처로만 삼으려 했던 것이 아니라 전략적인 면에서 강도(江都;강화도)와 함께 그 중요성을 인식한 것이라 생각된다.

② 후금 침략에 대비, 남한산성 축성 논란 본격화

남한산성 수축은 후금에 대한 방어전략 때문에 강도 방어와 더불어 추진하지 않을 수 없었다. 1624년(인조 2) 3월 임금이 대신들과 국정현안 문제에 대해 의논하기 시작하면서 더욱 구체성을 띠기 시작하였다. 그리하여 영의정 이원익(李元翼)이 강화도의 방어대책은 이성구(李聖求)에게, 남한산성의 수축은 이서로 하여금 전담케 하자고 제안함으로써 축성에 대한 논의는 본격화되었다. 좌의정 윤방(尹昉)은 동조하였으나 우의정 신흠(申欽), 병조판서 김류(金瑬), 우찬성 장만(張晚), 그리고 호조판서 심열(沈悅) 등은 필요성은 인정하면서도 백성 동원하는데 따른 민심 이반 때문에 소극적인 편이었다.

그러나 영의정 이원익은 대신들의 이러한 소극적이고 신중한 태도와는 달리 적극적으로 산성을 수축하자고 주장하였다. 3월 8일에 임금과 별전(別

殿)에서 산성의 형세와 옛 성곽의 훼손문제, 그리고 산성수축의 방법을 의논하는 가운데 남한산성은 "천험의 형세로써 가히 보장할 만한 땅이 될 만하다"고 대답하자 임금께서도 성을 1년 이내에 수선하는 데는 반드시 백성을 모아[募民入居] 산성에 안정시킨 뒤에 능력을 헤아려 점차 수축하는 것이 좋다고 하였다.

그리하여 이원익은 이서로 하여금 우선 축성을 담당케 하고, 점차적으로 주민을 모집하여 수축하는 한편, 4천 5백 석의 곡식을 사서 축성비용에 충당하자고 제안하였다. 이서 역시 경기 군사의 정비 문제와 남한산성의 축성 방법에 대해서 3백 석의 쌀로써 축성군의 품삯을 주며, 또 훈련도감 포수들도 함께 산성 쌓는 일에 동원시키면 일반 백성에게 피해를 주지 않고 성역을 끝마칠 수 있다고 구체적으로 말하였다.

3월 16일에 여러 대신들과 또 한 차례 심층적으로 논의하게 되었으나 영의정 이원익(李元翼), 부제학 정경세(鄭經世), 서성(徐渻), 좌의정 윤방(尹昉), 대사헌 정엽(鄭曄) 등은 적극적인 편이었고 호조판서 심열(沈悅), 예조판서 이정구(李廷龜), 서평부원군 한준겸(韓浚謙), 형조판서 이시발(李時發) 등은 신중한 편이었다. 한편 인조 임금께서도 선강도보장(先江都保障) 후남한산성수축(後南漢山城修築)을 지지하는 입장이었다. 이때까지만 해도 산성수축 문제는 민심수습과 경비조달의 어려움으로 신중론이 우세하였다.

그러나 이러한 추세는 1624년(인조 2) 4월에 이르러 점차 수축론 쪽으로 기울어지게 되었다. 결국 특진관 이귀의 제안으로 심기원(沈器遠)을 남한산성 수축 담당 당상으로 임명하게 되었고, 이어 같은 해 6월 27일에는 남양부사 유림(柳琳)을 광주목사로 차출하여 실무를 담당케 함으로써 남한산성을 수축하게 되었던 것이다.

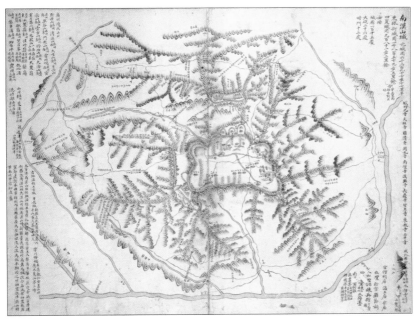

남한산성도(『해동지도』, 서울대학교 규장각, 1995)

2) 남한산성 원성(元城)의 수축과 축성군 동원

남한산성은 축성시기에 따라 원성(元城)과 외성(外城)으로 구분되었다. 먼저 남한산성 원성의 수축에 대한 논의는 인조 즉위년부터 1624년(인조 2) 3월까지 의견이 분분하였으나, 인조는 같은 해 7월 남한산성 수축을 명령하였다. 수어사를 지낸 홍경모(洪敬謨)가 쓴 『중정남한지(重訂南漢志)』에 의하면 1624년(인조 2) 7월에 이원익, 이귀 등의 의견을 받아들여 총융사 이서가 각성(覺性)과 응성(應聖) 등의 명승을 불러 각각 승도들을 거느려 지역을 나눠 맡도록 하고 별장(別將) 문희성(文希聖), 이일원(李一元)과 비장(裨將) 이광춘(李光春) 등으로 감독케 하여 수축하였다. 이후 1626년(인조 4)에 이르러서는 남한산성 방어와 광주진(廣州鎭) 등의 군사업무를 담당할 수어청(守禦廳)을 설치하였다.

한편, 남한산성의 수축에 있어 무엇보다 먼저 해결해야 할 것은 축성군의 동원과 그에 따른 군량미의 확보였다. 그것은 산성수축 논의 과정에서 신중론 내지 소극론이 나타난 요인이기도 하였기 때문에 산성 축성에서의 인력확보와 재원조달은 그만큼 중요한 문제였던 것이다. 이 때 제시된 방법으로써 품삯을 주고 노동력을 동원하는 모민입거제(募民入居制) 또는 급가고역(給價雇役)방안을 주장하였으나 그 중에서도 남한산성 수축에 동원된 인력의 대부분은 승군(僧軍)이다. 승려가 산성축성에 동원된 것은 특히 임진왜란이후 많았다. 유성룡이 임진왜란의 와중에서 남한산성의 수비와 축성에 대비토록 하기 위하여 유정(惟政)으로 하여금 승군 60명을 이끌고 산성방어를 하도록 한 것이 그 예이다.

그리하여 승군은 도총섭(都摠攝) 벽암 각성(覺性)의 주관아래 각 지방의 향승(鄕僧-지방 사찰 소속 승려)을 상번입역(上番立役-교대근무)시키도록 하였으나 후기에 이르러서는 의승방번제(義僧防番制)에 의하여 충당하였다. 축성 당시의 기록이 상세하게 전하지 않기 때문에 축성에 동원된 승군의 규모는 자세히 알 수 없으나, 축성 이후 승군의 편제에 따르면 승군총섭(僧軍摠攝) 1명, 승중군(僧中軍) 1명, 교련관(敎鍊官) 1명, 초관(哨官) 3명, 기패관(旗牌官) 1명, 원거승군(原居僧軍) 138명, 의승(義僧) 356명으로 편성되었음을 알수 있다. 여기서 의승은 남한산성 축조시 산성에 거주하는 승려가 적어 산성을 지키는데 고단하였기 때문에 부득이 지방의 향승을 교대로 상번하여 보조하게 한 데서 성립된 것이다.

그러나 향승의 상번수직은 원거승군의 침해 등의 각종 폐단이 야기되어 드디어 의승방번제를 실시하게 되었던 것이다. 즉, 지방의 향승이 일정한 방번전(防番錢)을 납부하면 그 경비로써 의승(義僧)을 고역(雇役)하여 수직케 한 대신에 향승의 상번(上番)은 면제하였던 것이다.

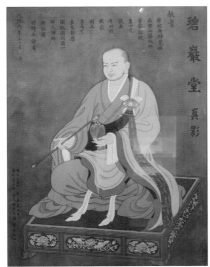

벽암대사 각성의 영정과 남한산성도총섭 교지

또한, 산성의 축성에 각 지방의 군병(軍兵)을 징발하기도 하였다. 일찍이 유성룡은 임진왜란 이후 남한산성의 수축을 주장하면서 군사를 보내어 성지(城池)와 누로(樓櫓)를 수선케 하였던 것에서 알 수 있듯이 일반적으로 임진왜란 이후 도성이나 강화도 그리고 남한산성을 포함하여 각 지방의 산성을 축성할 때에는 관군을 많이 동원했다. 남한산성 축성 때에도 승군과 함께 경기의 양주·광주·여주·죽산 및 이천 등의 군사를 남한산성의 입방군(入防軍)에 편성시켰던 것에서 잘 알 수 있다. 1636년(인조 14) 7월 당시 남한산성의 입방군은 1만 2천 7백 명이었다. 이러한 입방군은 유사시에 산성수첩

군(山城守堞軍)으로서 동원되어 각각의 담당구역을 지켰으며, 평상시에는 군사훈련과 산성수축을 맡았던 것이다. 승군과 군병 이외에 기타 각종 장인(匠人) 등도 축성에 동원되었다.

그리고, 남한산성의 수축 및 방어에 필요한 무기확보와 군량미 조달문제는 시급히 해결하지 않으면 안 될 과제였다. 앞에서 살핀 바와 같이 이원익이 쌀 3천 석으로써 품삯을 주고 축성군을 사거나 궤군(潰軍-훈련도감 도망병) 8백 명으로 축성케 하자는 방안을 제시한 것도 그런 까닭에서였다. 그리하여 인조 뿐만 아니라 성역을 총괄하고 있는 이서도 군량의 비축과 무기의 확보에 지대한 관심을 기울였던 것이다. 특히 이서는 삼혈총(三穴銃) 1천 자루, 조총 1천 자루를 만들어 기내의 군병에게 나누어 주고 나머지는 남한산성에 저장케 하였으며 한편으로 남한산성을 수호하고 양식을 저장할 대책으로서 삼남지방의 생선과 소금을 덜어내어 곡식을 사들여 군량을 비축케 하였다.

그래서 이 당시 산성군량의 확보 방안은 다각도로 검토되어 시행되었다. 그 중의 하나가 광주에서 선혜청에 납부할 대동미의 하나인 춘추등미(春秋等米) 8백 석을 산성에 비축케 하자는 방안이나 여주·이천·양근·지평·광주 등의 전세(田稅), 심지어는 서쪽 지방 즉, 가도(椵島)에 주둔하고 있는 명나라의 모문룡 군영(毛文龍 軍營)에 보낼 광주의 서량미(西粮米)까지 산성에 저장케한 것이다. 그리하여 남한산성의 군량확보 방법은 대체로 광주의 전결(田結)에서 징수한 전세(田稅), 삼수량(三手粮), 모병량(毛兵粮) 및 선혜청작미(宣惠廳作米)를 충당하는 방안을 추진함으로써 군량을 확보하게 되었던 것이다.

장경사~동장대 성벽(최규근 제공)

(4) 인조, 정조시대의 남한산성 개축

1) 1638년(인조 16)의 개축

① 개축 배경

남한산성의 개축문제가 거론된 것은 병자호란을 겪은 뒤였다. 청과의 정축화약(丁丑和約)을 맺은 결과 조선은 군신의 예와 청나라 연호의 사용을 강요받게 되었을 뿐만 아니라 명과의 단교는 물론 명나라 정벌시에 구원병을 파견하지 않으면 안 되었다. 특히 성지를 개축하거나 신축하지 못하도록 함으로써 군비의 증강은 일체 금지되어 무장해제 된 것이나 다름없는 지경이 되었다.

그럼에도 불구하고 조선 정부에서는 오랑캐라 멸시해 온 이민족에게 임금이 몸소 출성항복하게 되자 민족의 자존과 체통이 짓밟히게 된 것에 대하여 심각한 반성을 하게 되었다. 그리하여 만주족으로부터 받은 치욕에 대한 민족적 각성은 반청의식과 존왕양이적(尊王攘夷的) 대의명분론에 입각한 북벌운동이 나타나기도 하였던 것이다. 이러한 반청의식의 고양과 함께 어영청(御營廳)의 병력과 훈련도감군을 정예군으로 편성하여 궁성수비의 임무를 맡기는 등의 군제개편도 단행하였다.

특히, 반청의식은 정축화약을 무시한 채 호란으로 파손된 남한산성을 개축하자는 논의를 자극하였다. 1637년(인조 15) 7월 좌의정 최명길이 강도(江都)와 남한(南漢)은 모두 보장지로써 한 곳에 전념하여 전쟁에 대비할 계책으로 삼자고 제안하자, 특진관 이시백(李時白)은 강도는 호란으로 여지없이 무너졌으므로 수습하고 싶지만 청나라에 번거롭게 소문이 날까 염려되기 때문에 남한에 전념하여 우선 대피할 곳으로 삼아 불의의 사건에 대비하자고 제기함으로써 남한산성의 개축 문제는 조정의 큰 관심거리로 대두되었다.

이와 같이 남한산성의 개축문제가 제기되자 조정의 중론은 청나라를 자극하게 될 것이라는 우려 때문에 반대의사도 만만치 않았다. 그러나 수어사 이시백 등이 왜구의 침입에 대비하기 위해서는 불가피하게 남한산성을 수축해야 한다는 구실아래 남한산성 개축은 점차 인조의 지원을 받아 실현을 볼 수 있었던 것이다.

② 산성의 개축 추진

남한산성의 개축은 당시 수어사였던 이시백(李時白)이 주도하였다. 이시백은 1637년(인조 15) 10월, 농사철에 민심을 잃지 않으면서 일반 백성 대신에 궤군(潰軍;병자호란 당시 도망간 훈련도감 소속군병·필자)을 동원하여 수축케 하자고 제안하였다. 뿐만 아니라 호란 당시 고립무원의 상태에서 군량미

부족으로 커다란 타격을 입었던 경험을 되살려 산성 군량미도 2만석을 확보하였다. 또한 포루(砲樓)의 설치와 대포와 같은 화기(火器)의 비치에도 심혈을 기울였다. 호란 당시 청의 기병에 의한 기습공격과 우수했던 포격술에 대응하기 위해서였다.

이와 같은 인식아래 남한산성 개축문제가 본격화된 것은 1638년(인조 16) 1월 16일 우의정 신경진과 병조판서 이시백과의 논의에서였다. 이유는 왜적(倭賊)의 침입에 대비한다는 명분이었다. 조선정부는 성을 개축하는데 대해 청나라가 의심할 여지가 없다고 판단했기 때문에 개축에 적극적이었다. 그리하여 남한산성의 개축은 같은 해 1월 26일 병조판서 이시백이 수축에 필요한 성역군으로서 궤군 천 명을 우선 징발하여 종사관 홍전(洪瑑)의 감독 아래 망월대에서부터 성역을 시작한다고 보고함으로써 더욱 구체적으로 진행되었다.

당시 개축 사실을 뒷받침해 주는 금석문이 바로 '남장대옹성무인비(南將臺甕城戊寅碑)'이다.

남장대 제2옹성 무인축성비

이 비문은 남장대의 옹성 홍예문 장대석에 105자의 글자로 해서체로 쓰여 있는데, 우측면은 도청(都廳)이하 축성을 맡은 감독관의 관직과 이름이 적혀 있으며 좌측면은 축성에 동원된 목수 이하 장인(匠人)의 이름과 숫자가 새겨져 있다. 위 비문의 분석을 통해서 우리가 알 수 있는 것은 첫째, 비문을 새긴 시기는 '戊寅 七月 日'의 간지를 규명한 바, 1638년(인조 16) 1월 26일 이후 시작하여 같은 해 7월에 완성되었음을 파악할 수 있으며, 둘째는 개축할 때 동원된 축성군은 호남지방에서 올라 온 궤군 천 명, 충청·강원도의 승군 그리고 목수, 석수, 야장, 이장 등의 장인 96명이었음을 파악할 수 있어 금석문이 새삼 중요하다는 것을 알 수 있다.

2) 정조 3년(1779)의 개축

① 개축 배경

남한산성은 정조시대에 이르러 다시 한번 대대적으로 개축하게 되었다. 남한산성이 수원의 독성산성, 안성의 죽주산성과 더불어 서로 의지하는 형세를 이루어 서울 도성과 경기를 지키는데 둘도 없는 요충지였기 때문이다. 특히 수원은 경기도와 삼남의 요충지에 위치하고 있기 때문에 도성을 방어하는데 있어 기보(畿輔;경기도-필자)의 중요한 진보(鎭堡)로써 일찍이 조선초부터 광주·개성·강화와 함께 관방의 중추 구실을 해왔다. 그리고 정조대에 이르러 사도세자의 능침인 영우원(永佑園)을 수원의 화산(花山)에 이장함으로써 수원은 새삼 주목을 받게 되었는데, 현륭원(顯隆園)에의 행차와 행궁보호를 위해 화성(華城)을 축조함으로써 정치, 군사상 중요한 관심의 대상이 되었기 때문이다.

따라서 조정에서는 수원과 연계하여 강화도와 남한산성의 방어체계를 확립하기 위하여 심혈을 기울이지 않으면 안 되었다. 1778년(정조 2) 7월에 사직 윤면동(尹冕東)이 국방전반에 대한 상소를 올리면서 남한산성은 부도(副都)이므로 다른 것의 보장과는 다를 뿐만 아니라 수어청에서 실지로 관리하고 있기 때문에 하나의 부윤이나 수령보다는 높은 아문(衙門)이어야 한다고 말하고 총융청을 혁파, 수어청에 합병하여 반드시 남한산성을 직접 지키면서 기보(畿輔)를 통어함으로써 경성을 보호해야 한다고 주장한 것은 그러한 시대적 중요성을 인식한 것이라 생각된다.

그러나 한편에서는 강도와 남한산성 중심의 방어책에 반대하고 도성수비책을 더욱 강화해야 한다는 여론도 컸다. 부사직 강유(姜遊)같은 사람은 도성의 성첩을 보수하고 군향을 비축함으로써 도성중심의 방어책을 먼저 수립해야 한다고 주장하고 순성군(巡城軍)의 배치, 목책(木柵)의 설치, 군액 감소 등의 대책을 제안하기도 하였다. 또한 1778년(정조 2) 6월에는 수어청과 총융청의 통합여부에 대한 논란이 제기되어 군제개편을 통한 남한산성 방어를 강화하자는 논의도 대두되었다. 이 문제는 결국 1795년(정조 19) 8월 수어경청을 혁파하고 광주부를 광주유수로 승격시켜, 광주유수로 하여금 남한산성 수어사를 겸임하도록 함으로써 일단락 되었다.

② 개축 추진

이러한 시대적 배경 속에서 남한산성의 개축은 이뤄지게 되었다. 드디어 정조가 1779년(정조 3) 1월 판중추부사 서명응(徐命應)을 수어사로 임명함으로써 남한산성의 수축은 박차를 가하게 되었다. 당시 남한산성은 성첩이 무너지고 재원도 부족하여 보수할 엄두도 내지 못할 상황이었다. 따라서 수축에 따른 재원의 확보는 시급한 과제였다. 이에 서명응은 같은 해 2월 수어청의 호방소(戶房所)와 관향소(管餉所) 및 남한산성의 별고(別庫), 영고(營庫), 보휼고(保恤庫), 성기고(城機庫) 등의 군량 실태를 직접 조사하였는데 호방소의 4만 5천 냥이 겨우 1만 냥 정도, 관향소의 10만 7천 냥도 단지 3천 냥 정도 밖에 남아 있지 않는 현실을 개탄하였다.

또 남한 외영(南漢 外營)의 각 창고의 군향곡도 대부분 각 관청에 임대하거나 민호에 조적(糶糴;還穀)하여 원액대로 거둬들이지 못함으로써 "무너진 성첩과 기울어진 공해를 재력이 넉넉치 못하여 튼튼하고 치밀하게 할 수 없으므로 이제는 완벽한 성이 되는 것을 면하지 못하고 있다"고 실토하고 대경장(大更張)을 통해 그 폐단을 시정할 것을 촉구하였다. 그리하여 남한산성에 있어서 비용절감을 목적으로 성기별장(城機別將)을 폐지하고 유영별장(留營別將)에 합속시키는 한편, 남한산성의 수축 재원을 마련하기 위하여 다각도로 방안을 모색하였다.

그리하여 우선 수어청에 전 수어사 홍국영이 저축해 놓은 별비전(別備錢) 1만 냥을 가져다 쓰기로 하고 부족한 재원은 광주 동삼면(東三面) 백성들에게 환곡으로써 대여한 군향곡 5천 석의 모곡(耗穀;이자곡) 5백 석을 지급하여 산성이 무너진 곳이나, 석회 개조비, 그리고 암문이나 군포 및 공해 등을 보수하는데 쓰도록 조치하였다. 그리하여 1779년(정조 3) 3월에 수어사 서명응의 지휘아래 광주부윤 이명중(李明中)이 감독하여 결국 3월에 시작하여 6월 18일에 남한산성은 개축, 완료되었다. 그리고 남한산성의 개축을 계기로 정조는 같은 해 8월에 서명응에게 명하여 『남한지(南漢誌)』를 편찬케 하였다. 또한 서명응은 남한산성 개축에 관한 사실을 상세히 기록한 이른바 「남성신수기(南城新修記)」를 지었는데, 오늘날 이것은 1846년(헌종 12)에 수어사였던 홍경모(洪敬謨)가 쓴 『중정남한지』와 이명중의 글씨체로 병암(屏巖-병풍바위)에 전해 오고 있어 정조가 기록문화의 중요성을 일찍이 실천하였다는 점에서 시사하는 바 크다.

「남성신수기」가 새겨진 병암

(5) 병자호란후 남한산성 외성(外城)의 신축

1) 봉암성(蜂巖城)의 신축과 규모

남한산성의 외성(外城)은 병자호란 이후 원성의 취약점을 보완하기 위하여 신축된 것으로 봉암성(蜂巖城), 한봉성(漢峰城), 신남성(新南城)을 말한다.

이러한 남한산성 외성의 신축 배경은 원성수축 이후 병자호란을 겪으면서 청의 화포공격을 방어하기 위한 전략의 하나로써 신축하게 되었다. 호란 당시에 청나라 군사는 원성 밖의 봉암이나 한봉 등을 점령하여 성안의 허실을 빤히 들여다 볼 수 있을 뿐만 아니라 지형적으로 고지대이기 때문에 포를 쏘는 데도 매우 유리하였다. 따라서 병자호란 당시에 행궁의 뜨락까지 청의 화포공격에 노출되어 위기감을 맛보았던 조정에서는 이에 대한 방어책을 서둘러 수립하지 않으면 안 되었던 것이다. 그 결과 외성의 신축이 이뤄지게 되었다.

먼저 봉암성은 봉암(蜂巖)에 신축하였다. 봉암의 위치와 유래를 살펴보면 "원래 봉암은 원성의 동쪽 5리쯤에 있는데 바위가 포개어져 가파르게 솟아 있고 그 아래에는 돌구멍이 있어 겨우 한 사람이 들어갈만 하다. 옛날부터 벌이 집을 짓고 살았다고 해서 봉암이라 하였다."고 한 데서 알 수 있듯이 봉암 또는 망월봉(望月峰)이라고도 한다.

이와 같은 봉암은 지리적 위치 때문에 축성론자들 사이에 늘 관심의 대상이 되었다. 1686년(숙종 12) 3월 광주유수 윤지선(尹趾善)이 먼저 봉암성의 신축을 주장하였다. 봉암성의 신축 논의는 병자호란 직후에도 옹성(甕城)을 신축하자고 제기되었으나 청의 압력에 이기지 못하고 수축하지 않았다. 결국 1686년(숙종 12)에 다시 봉암성 신축론 쪽으로 기울게 되었다. 그리하여 수어청 소속 군병을 징발하여 50여 일 동안의 성역과 대략 1천 석 정도의 재원을 확보하여 신축하게 되었다. 그 결과 봉암성의 규모는 둘레 962보, 여첩 294타, 암문 4개, 군포 15개를 신축하였으며 또한 동림사라는 사찰을 건립하여 동문 밖의 민호를 들어와 살게 하면서 이곳을 지키게 하였던 것이다.

이러한 봉암성 신축 사실을 뒷받침해 주는 금석문이 발견되어 화제가 되었다. 아래의 '봉암신성병인마애비문(蜂巖新城丙寅磨崖碑文)'이 그것이다. 이 비문을 통해서 알 수 있는 것은 첫째로 자연석 뒷면에 정사각형의 해서체로 음각되어 있으며 판독된 49자 이외도 장인(匠人)들로 추정되는 몇 개의 글자가 희미하게 새겨져 있다는 점, 둘째로 봉암성의 신축시기는 1686년(숙종 12) 윤4월 1일 시작하여 5월 1일에 끝마쳤다는 사실, 셋째 수어사 윤지선의 총감독 아래 전 부사 表모, 전 군수 安모의 현장 감독관이 배치되어 구역별로 감독하고 또 축성에 장인들이 동원되고 있다는 사실 등이다. 이 금석문은 『조선왕조실록』 등의 편년기록에 없는 기록을 보완해 주고 있다는 점에서 금석문으로서의 가치가 크다고 할 수 있다.

봉암 전경

이러한 봉암성은 그후 1693년(숙종 19)에 이르러 우의정 민암(閔黯)과 수어사 오시복(吳始復)이 남한산성에 돈대(墩臺) 축조의 필요성을 제기함으로

봉암신성 병인마애비문

써 봉암과 한봉을 연결하기 위하여 그 사이에 돈대를 추가로 설치하였으며, 1705년(숙종 31)에 이르러서는 수어사 민진후(閔鎭厚)의 건의에 따라 5개의 포루(砲壘)를 증축하기도 하였다고 전한다.

2) 한봉성의 신축과 규모

한봉성(漢峰城)은 동문 밖의 한봉(漢峰)에 축조한 것으로 한봉성(汗峯城)이라고도 하였다. 이 한봉성의 축성 배경 역시 병자호란 당시 청나라 군대가 이곳을 먼저 점령하여 홍이포(紅夷砲)나 진천뢰(震天雷) 등의 대포로써 공격해왔기 때문이다. 따라서 이러한 쓰라린 경험을 당했던 대신들은 이에 대한 방어책을 강구하지 않으면 안 되었다.

1692년(숙종 18) 10월 행이조판서 오시복(吳始復)이 봉암과 한봉사이

6~7백 보 사이의 요해처에 돈대(墩臺)를 축조할 것을 제기함으로써 발단이 되었으며, 좌의정 목래선(睦來善) 역시 오시복의 주장에 동조하였다. 그리하여 이듬해 봄에 한봉에 돈대를 축조할 것을 결정하였다. 이 때의 축성에 동원될 노동력에 대해서는 남한산성에 소속된 수어청 소속의 양주 군영(楊州軍營)과 죽산군영(竹山軍營) 등의 군병을 동원하려고 했으나 때마침 기근이 심하여 동원할 수 없게 되자 병조에 비축된 재원으로써 생활이 어려운 산성 주민에게 값을 계산해 주고 그들을 역사에 동원하려는 대책을 강구하게 되었다.

그리하여 이듬해인 1693년(숙종 19) 3월에 우의정 민암과 좌의정 목래선은 수어사 오시복과 같이 돈대 쌓을 곳을 살피고 나서 구체적인 방안을 제시하였다. 민암은 한봉 주변에 각성(角城)을 쌓을 것을 주장하였고, 오시복은 한봉에 돈대를 설치하여 한봉으로부터 봉암성의 동쪽 모퉁이까지 연결하여 축성하면 동쪽의 대로를 차단하는데 만전의 계책이라고 강조하였다. 이와 같이 '각성축조론'과 '돈대축조론'이 제기되었으나 오시복의 주장대로 돈대를 축조하게 되었다.

그리고 돈대 축성에 쓰일 재정은 수어청에서 7백 석과 병조의 예산에서 30동(同)을 빌려 쓴 뒤에 삼남(三南;충청, 전라, 경상도)의 저치미(儲置米;대동미 중 지방에 비축한 쌀)를 운반하여 대체토록 조치하였다. 그 결과 같은 해 4월 이조판서 오시복의 말에 의하면 산성거민 가운데 승려와 지원 양민 그리고 수어청 및 방어영(防禦營)의 군관(軍官) 등 모두 8백 명 정도의 노동력을 동원하여 한봉의 체성(體城)까지 완성함으로써 망월봉에서 한봉까지 7~8백 보에 이르는 각성(角城)의 형태로 둘레 851 파(把), 성첩 227타(垛), 암문 1개의 시설을 갖추게 되었던 것이다.

　그 후 한봉성의 증축문제는 1704년(숙종 30) 9월에 이르러 다시 쟁점이 되었다. 우의정 이유(李濡)가 한봉의 증축은 지형상 너무 광활하기 때문에 불가능하며 오히려 한봉과 장경사 사이에 협성(夾城)을 쌓을 것을 주장하였다. 행형조판서 김진구(金鎭龜)는 우의정 이유의 의견에 동조하는 입장이었고, 좌의정 이여(李畬)도 대체적으로 봉암성이나 한봉성이 너무 광활하게 증축되면 공사가 방대할 뿐만 아니라 방어하는 데도 지장이 있다는 입장에서 봉암성의 동림사 뒷쪽을 개축하고 한봉으로부터 장경사에는 협성(夾城)을 쌓는 것이 좋다는 견해를 표명하였다.

　그리하여 우의정 이유의 '용도개축론(甬道改築論)', 형조판서 김진구의 '장경사대포설치론(長慶寺大砲設置論)', 그리고 판윤 조태채의 '한봉입축성론(漢峰入築城論)'을 거쳐 1739년(영조 15)에 한봉성은 다시 수어사 조현명에 의해 개축되었다. 앞서의 1차 증축 때보다는 다소 늘어나 둘레가 895보, 성첩 272 타였으며 동성 즉, 봉암성과의 거리는 6백 보였다. 그 후 1779년(정조 3)에 남한산성의 대대적인 수축을 거쳐 오늘날의 모습으로 남게 되었다.

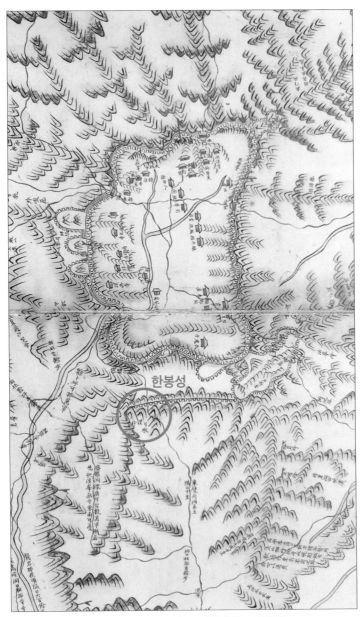

한봉성 부분도(『해동지도』, 서울대학교 규장각)

한봉성 성곽 일부

3) 신남성의 신축

신남성(新南城)은 원성의 남쪽으로 1,013보(약 5리)에 위치하고 있으며 남격대(南格臺) 또는 대봉(對峰)이라고도 하였다. 이 신남성 역시 병자호란 때에 청나라 군대가 7, 8문의 대포를 설치해 놓고 남한산성을 공격해 왔던 전략적 요충지였다. 1710년(숙종 36) 3월 약방제조 민진후(閔鎭厚)가 남격대에 돈대(墩臺)를 축조할 것인가의 여부에 대하여 당시 훈련대장 이기하(李基夏)와 우윤 윤취상(尹就商)이 남한산성을 살펴본 후에 돈대를 축성할 것을 제기하였다.

그리하여 1713년(숙종 39) 5월 민진후는 다시 돈대를 축조하여 지키면 적이 오르지 못하도록 방어할 수 있으며 또 나무를 심어 삼전도로부터 볼 수 없도록 하기 위해 수어청으로 하여금 먼저 식목하고 중봉에 돈대를 축조하여 적의 침입을 바라보고 수비하도록 하였던 것이다. 이 당시에는 돈대를 한 개를 축조하였다. 그리고 1719년(숙종 45)에 수어사 민진후에 의해 이전에 있었던 성터를 다시 개축하고 둘레 743보, 성첩 238타 규모의 성곽을 축성하였던 것이다.

이 돈대에는 15곳에 초병(哨兵)을 두어 지키게 했으나 중간에 폐성이 된

신남성 남격대(동돈대)

신남성 남격대(동돈대 전경)

것을 1752년(영조 28)에 두 개의 돈대를 축조하여 한 개의 돈대마다 100여 명 가량의 군사를 두어 지키게 하였고 또한 이보현(利保峴) 취암봉(鷲巖峰)에 복병을 주둔시켜 서로 경보를 알림으로써 이보현-남격대-서장대간의 경보 전달체계를 확립할 수 있도록 하였던 것으로 보아 결국은 1753년(영조 29)에 이르러 남격대에는 두 개의 돈대를 축조하였던 것이며, 이 돈대를 수비하기 위해 주위에 성벽을 축조하였던 것으로 보인다. 현재 성벽의 발자취

신남성 남격대(서돈대)

는 허물어져 자세히 알 수 없다.

이상과 같이 남한산성은 수축과 개축을 통하여 원성과 외성의 이원체제로 완성되었다. 남한산성의 성곽 시설 규모를 구체적으로 종합해 보면 다음과 같다.

1) 원성은 안둘레 6,290 步 17里半이며, 바깥둘레 7,295步(20里 95步)였으며 성가퀴(女堞) 1,940타(垜)와 성문(4)은 東(左翼門), 西(右翼門), 南(至和門), 北(全勝門) 그리고 옹성(4) - 남옹성(제1, 제2, 제3옹성)·연주봉·장경사옹성을 설치하였다. 장대(4)는 동장대(동문), 서장대(=수어장대), 남장대(남문), 북장대(북문) 그리고 암문(9), 군포(125) 등을 설치하였다.

2) 외성은 봉암성·한봉성·신남성이 있는데 봉암성은 둘레 962步 7里, 여첩 294, 암문 4, 군포(15)를, 한봉성은 둘레 851步 6里 여첩 2개, 암문 1이며 1739년(영조 15) 수어사 조현명이 개축한 이후 둘레 895보, 여첩 272로

늘어났다. 신남성의 경우는 둘레 743보, 여첩 238, 포루 ⑴, 돈대 ⑵를 설치하였다.

3) 남한산성안의 시설로서는 가) 행궁(상궐 73칸반, 하궐 154칸), 좌전(26칸), 우전(4칸)외에 재덕당(在德堂), 한남루(漢南樓), 인화관(人和館)과 나) 관아(官衙)시설로서 좌승당(左勝堂), 일장각(日長閣), 수어재영(守禦在營(←鍊兵館 ← 鍊武堂), 제승헌(制勝軒) 등이 건립되었다. 다) 누정(樓亭)으로 유차산루(有此山樓), 관어정(觀魚亭), 완대정(緩帶亭), 침과정(枕戈亭), 우희정(又喜亭), 무망루(無忘樓), 이위정(以威亭), 타운루(唾雲樓), 이명정(以明亭), 구송정(九松亭), 옥천정(玉泉亭), 주필대(駐蹕臺), 지수당(地水堂) 라) 창고(倉庫) 건물은 영고(營庫), 신·구남창((新·舊南倉), 신풍창(新豊倉), 별창(別倉), 동창(東倉), 신북창(新北倉), 구북창(舊北倉), 보장고(保障庫), 보향고(補餉庫), 보관고(補關庫), 성기고(城機庫), 군기고(軍器庫), 병방소(兵房所), 복호소(復戶所), 고마소(雇馬所), 조량소(助粮所), 환두소(環頭所), 승창(僧倉) 등을 건립하였다.

4) 성내 사찰은 무기와 화약을 비축하기 위하여 망월사(望月寺), 옥정사(玉井寺), 개원사(開元寺), 한흥사(漢興寺), 국청사(國淸寺), 장경사(長慶寺), 천주사(天柱寺), 동림사(東林寺), 남단사(南壇寺), 영원사(靈源寺)를 건립하였으며 바) 단묘(壇廟)에는 사직단(社稷壇), 성황당, 온조왕묘(溫祖王廟; 숭열전), 현절사(顯節祠) 등 사당을 건립하였다.

남한산성도 (영남대박물관소장)

<집필자 : 조병로>

5. 병자호란 배경과 전투 현장

(1) 병자호란의 배경

만주에서 세력을 키운 여진족은 임진왜란으로 조선과 명의 국력이 약해진 틈을 이용하여 누르하치가 후금을 세웠다. 후금이 이어서 명을 침략하자 명은 조선에 원군을 요청하였다. 광해군은 명의 쇠퇴와 후금의 성장이라는 정세 변화를 파악하여 중립외교를 통해 신중하게 처신하지만 조선은 재조지은(再造之恩)의 은혜를 입어 어쩔 수 없이 명나라에 군대를 파견한다. 하지만 광해군은 강홍립을 도원수로 임명하고 전쟁의 형세를 판단하여 처신할 것을 비밀히 지시하였다. 조선은 1만3천 명의 원군을 파견했으나 부차(富車) 전투에서 조명 연합군이 후금에게 대패한 후 강홍립은 후금에게 조선의 출병이 부득이하여 이루어진 사실을 알린 후 군사를 이끌고 후금에 항복하였다

광해군은 즉위 이후 왕권 유지를 위해 유일한 적통(嫡統) 영창대군(永昌大君)을 죽이고 새어머니인 인목대비(仁穆大妃)를 유폐시키는 등 윤리에 어긋나는 정치와 임진왜란 당시 조선을 도와준 명나라가 후금의 공격으로 곤경

에 처했는데도, 도와주지 않았다는 이유로 사림들은 광해군을 불효, 의리를 모르는 임금이라 비난했고 광해군은 이런 비난하는 사림들을 처단했다.

한편 정권에서 소외당한 서인들은 광해군의 비윤리적 정치를 문제 삼아 반란을 일으키고 능양군(綾陽君)을 왕으로 추대하는 인조반정을 일으켰다. 이로 인해 이이첨 등 북인은 완전히 몰락했고, 서인 중심의 정권이 성립되었다. 외교 정책도 바뀌어 광해군의 중립외교를 버리고 명나라와 친하게 지내는 시대에 역행하는 친명배금(親明拜金) 정책을 취하게 되었고 인조반정에 공을 세운 이괄은 논공행상에 불만을 품고 반란을 일으켰다가 실패하자 그의 휘하 일부가 후금에 항복하였다가 정묘호란때 후금의 군대와 함께 남하하였다.

정묘호란때 조선은 후금의 침입에 전혀 대비를 하지 못해 결국 인조는 강화도로 피난을 가고 정묘약조로 형제의 맹약을 맺고 후금의 군대가 철수하며 두 나라 관계는 일단락되었다.

후금의 세력이 점점 강성해 만주의 대부분을 차지하고 만리장성을 넘어 북경 부근까지 공격하면서 정묘호란 때 맺은 '형제의 관계'을 '군신의 관계'로 고치자고 요청을 해올 뿐 아니라, 지나친 세폐(歲幣)를 요구하자 조선의 여론은 후금을 치자는 주장하는 사람들이 점차로 늘어나게 되었다.

1636년 용골대(龍骨大)·마부대(馬夫大) 등이 인조비 인열왕후(仁烈王后)의 국상 조문을 위해 조선을 방문하였는데 이때 국서에서 청 태종을 황제로 부르며 군신지의(君臣之義)를 강요하자 조선 조정은 분노하게 되었고 일부 신하는 후금과의 전쟁 불사를 주장하는 이도 있어 인조도 이에 동조해 사신의 접견을 거절하고 국서(國書)를 받지 않았으며 후금 사신을 감시하게 했다. 조선의 동정이 심상하지 않음을 알아차린 이들은 민가의 말을 빼앗아 도주하다 도중에 조정에서 평안도관찰사에 내린 유문(諭文)을 빼앗아 본국으로 가져가게 되었다. 이로 인해 조선의 태도가 무엇인지를 명확하게 알 수 있게 되었다. 청 태종은 1636년(인조 14) 4월 나라 이름을 청(淸)으로 고치고 연호를 숭덕(崇德)이라 했으며, 이 자리에 참석한 조선 사신에게 왕자를 볼모로 보내서 사죄하지 않으면 대군을 일으켜 조선을 공략하겠다고 협박했다. 이와 같은 청나라의 무리한 요구는 척화의지가 고조되고 있는 조선 조정에 받아들여질 리 없었다. 조선에서는 그들의 요구를 묵살했다. 이에 청나라는 조선에 재차 침입해왔는데 이것이 병자호란이다.

(2) 청군의 침입과 우리의 항전

청 태종은 1636년 12월 심양에서 4만 5천여 명의 군대를 이끌고 기병을 중심으로 조선을 친정하였다. 조선에서는 청의 침입에 대비하여 의주부윤 임경업 장군이 백마산성에서 수비를 굳게하고 있었으나 청은 이를 미리 알고 백마산성을 우회하고 조선군과의 접전을 피하여 서울로 진군하였다. 조정에서는 청군이 이렇게 빨리 진격해오리라고는 예상하지 못하고 우왕좌왕하였다. 조정은 급히 강화유수 장신(張紳)으로 하여금 강화를 수비하도록 했고 윤방(尹昉)과 김상용(金尙容)에게 명해 종묘사직의 신주를 받들고 왕실 가족을 강화도로 피하도록 하였다. 인조도 그날 밤 숭례문으로 도성을 빠져 나와 강화도로 향했으나, 홍제원(弘濟院)에 도착해 강화도로 가는 길이 끊겼다고 보고했다. 이에 이조판서 최명길(崔鳴吉)이 홍제원 청군 진영에 나가 술과 고기를 먹이며 출병의 이유를 물으면서 시간을 지연시키는 사이에 인조는 세자와 백관을 대동하고 남한산성(南漢山城)으로 들어갔다.

훈련대장 신경진(申景禛)이 서울로부터 뒤따라오니 그에게 동성(東城) 망월대(望月臺)를 지키게 하고, 이영달(李穎達)을 중군(中軍)으로 삼고 총융사 구굉(具宏)에게 남성(南城)을 지키게 했다.

또, 수원부사 구인후(具仁垕)를 부장(副將)으로 삼고 상중에 있던 이확(李廓)을 불러 중군을 삼았으며, 어영대장 이서(李曙)는 북성(北城)을, 수어사 이시백(李時白)은 서성(西城)을 지키고 이직(李稷)을 중군으로 삼았다. 이때 성 안에 있는 군사는 1만 3000명으로 성을 지키도록 하고, 도원수·부원수와 각 도의 관찰사와 병사에게는 근왕병(勤王兵)을 모으도록 하는 한편, 명나라에 위급함을 알려 원병을 청했다.

당시 성안에는 양곡 1만 4300석, 장(醬) 220항아리가 있어 겨우 50여 일을 견딜 수 있는 식량에 불과했다. 청군의 선봉 부대는 12월 16일에 이미 남한산성에 이르고 대신 담태(潭泰)의 군사도 아무런 저항을 받지 않고 서울에 입성해 그 길로 한강을 건너 남한산성을 포위했다.

청태종은 다음 해 1월 1일에 남한산성 밑 탄천(炭川)에 군대를 포진하고 성 동쪽의 망월봉(望月峰)에 올라 성안을 굽어보며 조선군의 동태를 살폈다. 포위를 당한 성안의 조선군은 12월 18일 어영부사(御營副使) 원두표(元斗杓)가 성안의 장사를 모집하였고, 한편으로 성을 빠져나가 순찰 중인 적군 6명을 죽였다. 12월 20일 훈련대장 신경진의 군이 출전해 또 적군 30명을 죽였으며, 다음날 어영별장 이기축(李起築)이 군사를 이끌고 서성을 나가 적군 10명을 또 죽여 성안에 사기를 올렸다. 그러나 이렇다 할 큰 싸움 없이 40여 일이 지나자 성안의 참상은 말이 아니었다. 이때 각 도의 관찰사와 병사(兵使)가 거느리고 올라왔던 근왕병들은 한양에 이르기도 전에 무너졌다.

(3) 주화파와 척화파의 대립

주화파나 척화파나 둘 다 나라를 위기로부터 구하려는 생각은 같았으나 방법론에서 차이가 컸다. 최명길을 중심으로 한 주화파는 지금의 위기를 극복하기 위해선 우선 청과의 화친이 우선이라 여기고 있었다. 정묘호란 이후 후금이 국호를 청으로 개칭하고, 홍타이지 칸이 스스로 황제라 칭하자 조선과 후금은 외교 관계가 악화되었고 조정은 척화론이 지배적이었다. 하지만 이때도 최명길은 청의 침입이 있을 것이라며 "압록강이 얼면 큰 화가 닥칠 것이니 신은 매우 통탄스럽습니다"라고 현실을 직시하는 상소를 올렸다.

1636년(인조 14) 11월 청나라 홍타이지가 쳐들어왔는데, 선봉이 압록강을 건넌지 5일 만에 홍제원에 도착하자 인조는 강화도로 피난가던 길을 급히 돌리고, 이때 최명길이 시간을 끄는 사이 인조 일행은 남한산성으로 피신하였다. 병자호란 직후 최명길은 강경 대응해야 한다는 김상헌(金尙憲), 홍익한(洪翼漢) 등의 척화론(斥和論)에 맞서 명분보다는 현실을 직시하여 현재 상황으로 전쟁은 불가하다며 주화론(主和論)을 폈다. 그는 청의 침략에 대비하지도 못했고, 방어할 능력도 없는 상황에서 홍타이지의 본진 기마군단의 침입을 받으면 강화도와 남한산성을 지키는 것은 불가하다며 화의를 강력하게 주장하였다. 인조는 최명길의 주장을 수용하여 항복을 결정하고 그에게 항복문서를 작성하게 하였다. 이때 최명길이 작성한 항복 문서를 주전론자인 김상헌이 울면서 찢어 버렸다. 최명길은 이 일에 대해 김상헌을 원망하거나 다른 조처를 취하지는 않았다. 이것은 나라를 사랑하는 방법에의 차이를 인정한 것이다. 전후 두 사람은 심양의 북관 감옥 옆방에서 만나게 되었다. 김상헌은 주화파라고 생각했던 최명길이 왜 끌려왔는지 의아해했고

서로의 마음을 알게 된 최명길과 김상헌은 귀국 후에도 서로 협력을 아끼지 않았다.

김상헌, 홍익한을 비롯한 집권 서인 척화파들은 대명 의리론(大明義理論)을 주장하며 명분에 사로잡혀 청을 무시했고 망해가는 명에 대해 사대하였다. 이들은 당시의 국제정세에 무지하였고, 믿고 싶지도 않았다. 국가의 존망이 달린 위기 상황에서도 국서에 스스로를 '臣'이라 일컫는 부분 등 항복의 형식과 관련되어 대동소이했지만 부분을 가지고 적극 반대했다. 이는 국가의 존망이 달린 중차대한 문제를 놔두고 명분만 찾는 것이었다.

최종적으로 인조의 항복이 결정되자 김상헌은 "오랑캐에 항복하는 임금을 섬길 수 없다"며 자결을 시도했는데 최명길은 이에 대해 김상헌의 진실성을 크게 의심하기도 했다.

결국 주화파의 주장을 받아들여 일단 화의를 하여 항복을 하고 후일을 도모하여야 한다고 하여 인조는 삼전도로 나아가 청 태종 앞에서 항복의 예를 행하고, 청과의 군신 관계를 받아들였다.

(4) 전투의 현장들

1) 북문 전투

조정이 여전히 포위되어 있고 지원병의 접근이 용이하지 않았던 1636년 12월 28일 남한산성 북문 부근에서 비교적 대규모의 접전이 벌어졌다. 청군은 성을 포위하고 있는 동안에도 성문 주변에 수시로 출몰하여 조선 군병이나 민간인들을 사로잡으려고 시도했다. 당일 도체찰사 김류는 북문 아래에 있던 청군에 대한 공격을 지휘했다. 청군은 사로잡은 조선인 가운데 노약자와 우마 일부를 북문 아래의 골짜기에 방치하여 조선군을 유인했다. 적의 유인계임을 알지 못한 병방비장 유호는 김류의 위세를 빌어 장졸들을 북문 아래로 내몰았다. 약 300명 이상의 정예 장졸들이 강박에 떠밀려 성 밖으로 달려 내려갔다. 그들이 포로와 우마를 거두어 돌아오려는 순간 적의 복병이 들이닥쳤고, 조선군은 대부분이 도륙되었다. 당시 조선 장졸들은 충분한 화약을 소지하지 못한 상태에서 청군의 역습에 휘말린 데다 내려왔던 오르막 길로 후퇴하는 것이 여의치 않아 엄청난 희생을 내고 말았다. 수백 명의 정예병을 잃었던 이 전투를 계기로 조선군의 사기는 크게 떨어지고, 비변사 신료들은 더더욱 청군과의 화의에 매달리게 되었다.

2) 광주 쌍령리 전투

남한산성에서는 근왕병을 학수고대했지만 외부의 병력은 이런저런 이유로 성을 구원하지 못하고 있었다. 1637년 1월 초 청군은 헌릉과 탄천 일대의 병력 일부를 빼서 수원, 용인, 여주, 이천 방면으로 돌려 근왕병에 대비하는 한편, 산성의 서문과 북문 부근에 병력을 증강 배치하였다. 청군의 포위 병력이 증강되는 와중에 그나마 산성에 가장 근접했던 부대는 경상좌병사 허완과 우병사 민영, 충청병사 이의배 등이 이끄는 병력이었다. 총 3~4만 명으로 추정되는 대군이었다. (쌍령고개의 지형이 상당히 협소하여 3~4만 명이나 되는 군대가 진을 칠 수 있는 곳인지 의문이 들며 실제 쌍령 전투에 투입된 조선군 숫자는 수천 명 수준이었으리라 짐작된다.)

당시 군권은 종사관 도경유에게 일임되었다. 도경유는 문관으로 군사 지식이 일천하여 오로지 하루빨리 남한산성에 도착하기만을 독촉하여 폭설에

맹추위가 계속되고 방한복도 없는 상황에 군량도 제대로 확보도 안된 상황에 주야를 가리지 않고 행군을 계속하여 군병들이 지칠대로 지친상태였다. 더욱이 광주 쌍령쪽으로 행군하면서 척후병을 활용하지 않았다. 사실상 적의 동향을 파악하지 못한 무리한 행군이었다. 1월 3일 청군의 선봉이 나타나자 공격하여 주춤하여 물러갈 상황이었으나 조선군 조총수의 화약이 떨어진 것을 알고 공격하기 시작하였고 부족한 화약을 군인들에게 나누어 주는 과정에서 화약이 폭발하여 진중이 동요했다. 적은 그 틈을 이용하여 돌격전을 감행했고 조선군 진영은 거의 궤멸하였고 이 때 허완, 민영, 이의배, 선세강 장군들이 전사하였다.

정충묘(精忠廟)(광주시 초월읍 쌍령 소재)

3) 수원 광교산 전투

인조가 남한산성에 들어가 항전하며 전국에 근왕병을 모집하자 전라감사 이시방(李時昉)은 1636년(인조 14) 12월 20일, 6,000여 명의 근왕병을 모집한 다음, 전라병사 김준룡(金俊龍)과 함께 한양으로 진군하였다. 이때 화엄사의 승려 각성(覺性)이 승병 2,000여 명을 이끌고 합세하여 전라도 근왕병은 8,000여 명에 이르렀다. 1637년(인조 15) 1월 2일, 이시방은 용인 양지에 도착하여 전라병사 김준룡이 지휘하는 선봉군 2,000명을 남한산성으로 진군하도록 하고 자신은 본대와 함께 그 뒤를 따라 북상하였다.

1637년 1월 4일, 전라병사 김준룡의 선봉군은 수원 부근의 광교산(光敎山)에 당도하였다. 광교산에 포진한 김준룡은 진영 중앙에 군수물자를 비축하고 장기항전 태세를 갖추었다. 이에 청군은 청나라 태종의 매부이며, 청국제일의 명장 양굴리의 병력 2,000명을 광교산 동쪽에 투입하여 남한산성과의 연결 통로를 차단하고 주력 부대를 광교산의 전라도 근왕병 진영을 공격하도록 하였다. 청군은 전라도 근왕병에 집중적인 화포 사격과 함께 수차례에 걸친 공격을 감행하였다. 전라도 근왕병은 진영 제1선에 포수, 제2선과 제3선에는 궁병과 창검병을 각각 배치한 후 청군이 전진하면 총포 사격을 집중하고, 후퇴하면 궁병

충양공(忠襄公) 김준용(金俊龍) 전승지
(수원 광교산)

과 창검병이 배후를 엄습함으로써 청군에 큰 타격을 입혔다. 광교산 전투에서 청나라 군대는 반수 이상의 병력을 잃고, 광교산 동방 10리 지점까지 퇴각하였다. 광교산 전투는 병자호란 기간 중에 얻은 최대의 전과로, 청나라 태종의 매부인 양굴리를 사살하였다. 한편 조선의 군대는 탄약과 군량이 고갈된 상태에서 청군과 교전을 계속하기가 어렵다는 판단을 내리고 수원 방면으로 철수하였다. 조선군 근왕병은 청군을 크게 무찔렀으나 아쉽게 철군하였다.

(5) 호란의 참상과 조선인 포로 압송

청군의 선봉 부대는 아무런 저항을 받지 않고 12월 16일에 이미 남한산성에 이르렀고 담태(潭泰)의 군사도 서울에 입성해 그 길로 한강을 건너 남한산성을 포위했다. 당시 성안의 사정은 겨우 50여 일을 견딜 수 있는 식량, 땔감이 없어 궁궐을 헐어 사용할 정도였으며 군인들도 식량이 없어 굶어야 했으며 동상이 심해 발가락을 절단해야 할 정도여서 전쟁을 할 수 없을 정도였다. 또한 적의 홍이포 탄환이 수시로 성안으로 떨어져 사기가 저하되었다.

심양 고궁박물관의 홍이포

이상에서 보는 것과 같이 남한산성으로 가던 근왕병이 모두 패하고 산성은 안과 밖의 지원과 연락이 끊어져서 의지할 곳이 없게 되자 점차 강화론이 득세하기 시작하였다. 주전파 역시 난국을 타개할 방도가 있었던 것도 아니고 더구나 강화도가 함락되었다는 보고가 성안에 도달하자 김상헌(金尙憲), 정온(鄭蘊) 등의 반대에도 불구하고 대세는 강화를 지지하는 쪽으로 기울게 되었다.

한편 최명길 등이 적진을 왕복하며 항복의 조건을 제시하고, 또 청군 진영에서도 용골대·마부대 등의 사신이 우리 성안에 들어와서 강화 조건을 제시한 끝에 정축약조에 합의했다.

이 조약은 조선으로서는 경제적으로도 힘겨운 부담이며, 오랑캐라고 여기던 청에 무릎 꿇고 항복한 것은 정신적으로 고통이었다. 드디어 1월 30일 인조는 세자와 함께 호곡(號哭) 소리가 산성 안을 가득히 채운 채 서문으로 나와 삼전도(三田渡)에서 항복의 예를 행한 뒤 궁궐로 돌아왔다.

남한산성이 난공불락의 요새이지만 예상되는 전쟁에도 불구하고 군량미를 비축하지 않고 궁녀 등 전쟁에 불필요한 사람들을 함께 피신시켜 식량을 소비하여 결국, 47일간 싸우다 삼전도에 나가 항복을 한 치욕과 정묘호란에서부터 충분히 전쟁이 예상되었음에도 철저한 준비를 하지 않았다. 결국 청은 소현세자, 봉림대군을 인질로, 사대부 자제와 척화론의 주모자 오달제·윤집·홍익한을 잡아 심양으로 돌아갔으며. 동시에 수 많은 백성들을 피로인으로 잡혀가게 한 인조와 집권 세력의 무능함을 알 수 있다

전후에 처리해야 될 심각한 문제는 청군에게 강제 납치된 피로인의 수가 차이는 있지만 최명길의 주장으로는 약 50만이라고 했으며 이들의 속환이 문제였다. (당시 청의 인구와 식량 사정을 고려하여 볼 때 5만여 명 정도로 보아도

적지 않을 것 같다.) 특히, 청군도 납치한 남녀노소의 양민(良民)을 전리품으로 보고 속가(贖價: 포로를 풀어주는 대가로 내는 돈)를 많이 받을 수 있는 종실과 양반의 부녀를 되도록 많이 잡아가려 했다. 그러나 대부분 잡혀간 사람들은 속가도 마련할 수 없는 가난한 사람들이었다. 속가는 싼 경우 1인당 25 내지 30냥이나, 대개의 경우 150 내지 250냥이었고, 신분에 따라 비싼 경우 1,500냥에 이르렀다. 여기에 순절하지 못하고 살아서 돌아온 것은 조상에게 죄를 짓게 된다고 해 속환 부녀자(婦女子)의 이혼 문제가 정치·사회 문제로 대두되기도 했다.

8년의 볼모 생활을 하다가 소현세자(昭顯世子)와 봉림대군은 1645년(인조23)에 환국했으나 세자는 2개월 만에 죽었다. 그리고 인조의 뒤를 이은 봉림대군은 왕위에 오른 뒤 볼모 생활의 굴욕을 되새기며 재야의 인사를 발탁하고 군비를 확장하는 등 북벌의 원

대한 계획을 세웠다. 그러나 그 역시 재위 10년 만에 세상을 떠나자 북벌 계획은 실천에 옮기지 못했다.

아! 삼전도비

서울 송파구 석촌호수 근처에 있는 비석으로 사적 제101호로 지정되어 있다. 정식 이름은 한문으로 '대청황제공덕비(大淸皇帝功德碑)'이다.

삼전도비(석촌호수공원)

인조가 항복의 예를 행한 삼전도에 청태종의 공덕을 칭송하고 청군의 승전을 기념하기 위한 비의 건립을 조선에 강요해 어쩔 수 없이 응하게 되었으며 비문은 이경석이 지었다. 내용은 병자호란과 삼전도의 굴욕을 청나라 입장에서 미화하여 기록한 것이다. 같은 내용을 두고 앞면에는 만주 문자(좌)와 몽골 문자(우)로, 뒷면에는 한문으로 새겨놓았기에 로제타 석처럼 17세기 세 나라의 언어 연구에 중요한 자료가 된다.

<집필자 : 김이동>

6. 삼학사와 삼학사의 충절

(1) 삼학사 그들은 누구인가?

삼학사(三學士)란 병자호란 때 청(淸)나라와의 화의를 반대하고 결사 항전을 주장하다가 인조가 항복한 뒤 중국 선양으로 끌려가 참형을 당한 홍익한(洪翼漢, 1586~1637), 윤집(尹集, 1606~1637), 오달제(吳達濟, 1609~1637) 등세 명의 학사(學士)를 가리킨다. 1671년(현종 12) 송시열이 지은 『삼학사전(三學士傳)』에서 이들을 '삼학사'라 불러 그 이름으로 전하게 되었다.

이 책은 홍익한·윤집·오달제의 순으로 그들의 약전(略傳)과 언행을 기록하고, 잡혀갈 때부터 심양에서 죽기까지 조정의 의논과 대청(對淸) 관계 등 여러 가지 상황을 기록하였다. 또, 본문에는 그들이 올린 척화소(斥和疏)의 중요 부분과 심양에서의 심문 대화 내용을 수록하

송시열의 『삼학사전』

고 있다.

그 요지는 모두 춘추대일통(春秋大一統)의 의리를 강조한 것이다. 즉, 천하의 유일하고 진정한 정통은 명조(明朝)에 있으며, 천자를 참칭(僭稱;멋대로 분수에 넘치게 스스로 임금이라 이르는 것)하는 청나라는 이적(夷狄)의 나라이므로 교류할 수 없기에 강화를 맺거나 항복할 수 없다는 주장이 담겨 있다. 이는 실상 저자 송시열 자신의 신념이었으므로 삼학사의 언행 중에서 특히 강조된 것이었다.

이 책에는 이 밖에도 절의(節義)에 죽은 그들의 가족과 강화도에서 순절한 김상용(金尙容)·황일호(黃一皓) 등의 사실이 언급되어 있다. 또, 강화도에서 죽지 않았다 하여 뒤에 저자가 비난한 윤선거(尹宣擧)를 이 책에서는 깨끗하게 지조를 지켰다고 칭찬한 것이 주목된다.

또, 신종의 사당을 세워 효종을 배향하고 그 묘정(廟庭)에 삼학사를 종향(從享)하려는 저자의 뜻이 기술되어 있다. 이는 효종의 북벌 계획이 있고 난 뒤에 조선에 풍미했던 존주사상(尊周思想)의 동향을 보여주는 것이다.

1636년(인조 14) 12월 청태종(淸太宗)이 5만 대군을 거느리고 조선에 침입하여 남한산성(南漢山城)을 포위하였을 때, 조정 신하들 사이의 의견이 일치하지 못하였다. 최명길(崔鳴吉)을 중심으로 한 주화파(主和派)는 청나라와 화친을 하여야 한다고 주장하고, 김상헌(金尙憲)을 중심으로 한 주전파(主戰派)는 결사 항전을 주장하였으나 결국 주화파의 주장이 우세를 점하였다. 이에 1637년 인조가 남한산성 밖으로 나와 청나라에 항복하였고, 홍익한 등 세 사람은 척화(斥和)의 주모자로 몰려 중국 선양[瀋陽]으로 끌려갔다. 이들은 선양에서 모진 고문과 회유에도 불구하고 척화의 뜻을 굽히지 않음으로써 결국 참형(斬刑)을 당하였다. 조정에서는 이들의 충절을 기려 홍익한에게는 충정(忠正), 윤집에게는 충정(忠貞), 오달제에게는 충렬(忠烈)이라는 시호를 내리고 모두 영의정을 추증하였다.

1) 홍익한(洪翼漢)

홍익한의 본관은 남양(南陽)이며, 초명은 홍습(洪霫), 자는 백승(伯升), 호는 화포(花浦)·운옹(雲翁)이다. 증조할아버지는 충청도 관찰사를 지낸 홍서주(洪敍疇)이고, 할아버지는 홍개(洪愷)이며, 생부는 홍이성(洪以成), 양부는 홍대성(洪大成)이다.

1615년(광해군 7) 식년 생원시에 합격하고 1624년(인조 2) 정시 문과(庭試文科)에 장원 급제하였다. 1630년(인조 8) 5월에 부안 현감으로 부임하여 이듬해 2월까지 재직하였다. 이런 인연으로 사후 홍익한은 부안의 도동서원(道東書院)에 배향되었다. 1635년 사간원 정언을 거쳐 사헌부 장령으로 재직 중이던 1636년에, 청나라가 사신을 보내 그들의 국왕을 황제로 부를 것을 요구해 오자, 임금에게 상소를 올려 청의 사신을 죽여 대의를 바로잡자고 주장하였다.

1636년 12월 병자호란이 일어나자 화의론(和議論)을 적극적으로 반대하였다. 이 전쟁에서 홍익한의 두 아들과 사위가 청군에게 죽임을 당하였으며, 아내와 며느리는 청군에게 사로잡히

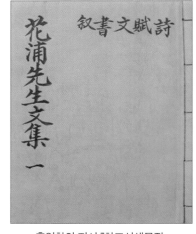

홍익한의 저서 『화포선생문집』

자 자결하였다. 이듬해인 1637년 화의가 성립된 뒤에 평양서윤으로 나아갔으나, 결국 대표적인 척화론자로 지목되어 오달제(吳達濟)·윤집(尹集)과 함께 청나라로 잡혀가 굴복하지 않고 끝까지 저항하다 살해되었다. 삼학사(三學士)는 이들 세 사람을 가리키는 것이다.

월사(月沙) 이정구(李廷龜)의 문인이다. 1653년(효종 4) 도승지(都承旨)에 추증되었다. 1686년(숙종 12) 이조 판서에 추증되고, 충정(忠正)이라는 시호를 하사받았다. 1705년(숙종 31)에는 영의정에 추증되었다. 남한산성 내의 현절사(顯節祠)에 배향되었으며, 전라북도 부안군 부안읍 연곡리에 있던 도동서원에도 배향되었다.

2) 윤집(尹集)

윤집의 본관은 남원(南原). 자는 성백(成伯), 호는 임계(林溪)·고산(高山). 윤우신(尹又新)의 증손으로, 할아버지는 교리 윤섬(尹暹)이다. 아버지는 현감 윤형갑(尹衡甲)이며, 남양부사 윤계(尹棨)의 아우이다.

13세에 아버지를 여의고 형을 따라 공부해 1627년(인조 5) 생원이 되고, 1631년 별시 문과에 을과로 급제해 이듬해 설서가 되었다. 그 뒤 수찬(修撰)·교리(校理)에 오르고 헌납(獻納)을 역임한 뒤, 1636년 이조정랑·부교리를 거쳐 교리로 있을 때 병자호란이 일어났다.

국왕과 조정 대신들이 남한산성으로 난을 피했으나 청병에게 산성이 포위되어 정세가 극히 불리하게 되었다. 최명길(崔鳴吉) 등이 화의로 위기를 극복할 것을 주장하였다.

이때 오달제(吳達濟) 등과 함께 화친의 사신을 보내자고 주장하는 최명길의 목을 벨 것을 청했으며, 최명길이 국왕의 뜻을 움직여 화친의 일을 성립시키고자 입대(入對)해 승지와 사관을 물리치도록 청하자, 이를 규탄하는 극렬한 내용의 소를 올렸다.

이 상소문에서 옛날 화친을 주장해 사필(史筆)의 베임을 피할 수 없었던 진회(秦檜)와 같은 대간도 감히 사관을 물리치지 못했다고 극렬한 말로 규탄했으며, 국왕이 대간(臺諫)을 꺼리지 않고 오직 사특한 의논만을 옹호하고 간사한 신하만을 의뢰하면 마침내 나라를 잃어버리고 만다고 경고하였다.

화의가 성립되고 청나라 측에서 척화론자의 처단을 주장하자, 오달제와 더불어 소를 올려 자진해 척화론자로 나섰다. 청병에 의해 북쪽으로 끌려갈 때도 조금도 절개를 굽히지 않아 청병이 오히려 감복해 존경했다고 한다. 청나라에서 고문과 회유 등으로 윤집의 뜻을 돌리려 했으나, 끝내 굴하지 않고 항변하자 마침내 심양성 서문 밖에 끌려가 사형당하였다.

처음 부제학(副提學)에 추증되었다. 뒤에 영의정에 추증되었으며, 광주(廣

윤집을 제향하고 있는 강화의 충렬사

州)의 현절사(顯節祠), 강화의 충렬사(忠烈祠), 평택의 포의사우(褒義祠宇), 홍산의 창렬서원(彰烈書院), 영주의 장암서원(壯巖書院)에 제향되었다. 시호는 충정(忠貞)이다.

3) 오달제(吳達濟)

오달제의 본관은 해주(海州). 자는 계휘(季輝), 호는 추담(秋潭). 오경민(吳景閔)의 증손으로, 할아버지는 오희문(吳希文)이고, 아버지는 오윤해(吳允諧)이다. 어머니는 최형록(崔亨綠)의 딸이다. 병자호란 때 삼학사(三學士)의 한 사람이다.

1627년(인조 5) 사마시(司馬試)에 합격, 1634년(인조 12) 26세에 별시 문과에 장원으로 급제하였다. 전적(典籍)·병조 좌랑·시강원사서(侍講院司書)·정언(正言)·지평(持平)·수찬(修撰)을 거쳐, 1636년에 부교리(副校理)가 되었다. 이때 후금이 세력을 날로 키우며 칭제건원하고 국호를 청으로 고쳐 조선을 무섭게 위협해왔다. 이에 화친을 위해 주화파 최명길(崔鳴吉) 등의 주장으로 사신을 교환하게 되자, 임금을 속이고 삼사(三司)의 공의(公議)를 위협, 제지해 임의로 사신을 보낸 최명길을 탄핵하는 소를 올렸다.

겨울에 병자호란이 일어나자 남한산성에 들어가 청나라와의 화의를 끝까지 반대하였다. 인조가 청군에 항복하자, 청나라에서는 전쟁의 책임을 척화론자에게 돌려 이들을 찾아 처단할 것을 주장하였다. 이에 윤집(尹集)과 더불어 자진해 척화론자로 나서, 적진에 잡혀가 청나라로 끌려갔다.

적장 용골대(龍骨大)는 오달제의 뜻을 꺾기 위해, 처자를 거느리고 청나라에 와 살라고 회유와 협박을 하였다. 그러나 오달제는 죽음보다 두려운 것

은 불의(不義)라고 하고, 저들의 말을
좇으면 오랑캐가 되는 것이라 하여 끝
까지 항변하였다.

마침내 심양성(瀋陽城) 서문 밖에서
윤집·홍익한(洪翼漢)과 함께 처형을
당하였다. 좌승지·영의정에 추증되었
으며, 광주(廣州)의 현절사(顯節祠), 평
택의 포의사우(褒義祠宇), 홍산(鴻山)의
창렬서원(彰烈書院), 영주의 장암서원
(壯巖書院), 고령의 운천서원(雲川書院)
에 제향되었다. 저서로는 『충렬공유고
(忠烈公遺稿)』가 있다. 시호는 충렬(忠烈)이다.

오달제의 저서 『충렬공유고』

(2) 삼학사의 충절

병자호란 당시의 삼학사(三學士)는 척화삼학사(斥和三學士)라고도 한다.
즉, 청과의 화친을 주장하는 주화파와 화친에 반대하는 척화파가 대립하고
있었는데 삼학사는 척화파의 대표적인 인물들이다.

1636년(인조 14) 청나라가 사신을 보내 조선을 속국시키는 모욕적인 조건
을 제시해오자, 윤집·오달제·홍익한은 이 사신들을 죽여 모독을 씻자고 주
장하였다. 이듬해 인조가 삼전도(三田渡) 굴욕을 겪으면서 화의가 성립되자
청나라의 요구로 이들 세 사람은 봉림대군(鳳林大君)과 함께 청나라로 붙잡
혀갔다.

평택시 평성읍 본정리에 있는 홍익한 묘

홍익한, 윤집, 오달제가 청의 수도 심양으로 향하는 길은 힘들고도 괴
로운 여정이었다. 홍익한은 종일 말을 타고 가느라 심신이 지쳤으며, 청으
로 넘어간 뒤에는 춥고 괴로운 길에 흉복통까지 앓고 있었다. 오달제 역시
60여 일이나 옷을 벗지 못한 채 잠을 자느라 온몸에 이가 들끓었다고 한다.

때는 추운 겨울이었고, 죽음을 앞에 두고 가족과도 헤어진 이들의 심정은

남한산성 내에 있는 현절사

더욱더 복잡할 수밖에 없었다. 홍익한은 심양으로 가는 길에 아들들에게 편지를 부쳐 어머니와 처를 잘 부탁하며, 살아남아 제사를 끊지 말라고 하였으나, 편지를 받아야 할 사람들은 이미 세상을 떠나 있었다. 윤집은 동생 윤유에게, 오달제는 어머니와 형, 아내에게 편지와 시를 부쳐 이별을 고했다. 그래도 아직 생사가 확실히 결정된 것은 아니었기에, 일말의 희망이나마 남아 있었다. 오달제는 아직 죽지 않은 것은 가족을 다시 보기 위해서라며, 형 오달승에게 4월 내에는 반드시 돌아갈 수 있을 거라고 하기도 하였다.

그러나 이들을 기다리고 있는 것은 죽음이었다. 삼학사 중 가장 먼저 2월 25일에 심양에 도착한 홍익한은 잠시 갇혀 있다가 3월 5일에 홍타이지와 대면하게 되었다. 홍타이지와 대면하기 전 28일에는 자신이 목을 베라고 상소를 올렸던 청의 사신 용골대와 만나 대화를 나누기도 했다.

홍타이지와 대면한 자리에서 홍익한은 무릎을 꿇지 않고, 형제 맹약을 해놓고 군신 관계를 강요하여 맹약을 깬 홍타이지의 잘못을 꾸짖었으며, 자신이 왜 황제가 될 수 없는지를 묻는 홍타이지에게 천조(天祖)의 반적(叛賊)이 어찌 황제가 될 수 있느냐고 대답하였다. 결국, 그는 홍타이지의 명령에 따라 죽임을 당하였다. 홍익한 자신이 홍타이지에게 자신의 입장을 알리기 위해 쓴 글에서 볼 수 있는 바처럼, 그는 '대명 조선국(大明 朝鮮國)'의 신하로 죽었던 것이다.

윤집과 오달제는 4월 15일에 심양에 도착하였다가, 19일에 용골대에게 불려갔다. 용골대가 두 사람에게 죄는 중하지만 살려줄 테니 처자를 데려와서 심양에서 살라고 회유하였으나, 윤집은 처자의 소재를 알지 못한다고 둘러대었고, 오달제는 다시 고국에 돌아갈 수 없다면 사는 것이 죽는 것만 못하니 차라리 죽이라고 대답했다. 이에 볼모로 심양에 와 있던 소현세자(昭

顯世子)를 따라온 박황(朴潢)과 이명웅(李命雄) 등이 구명하였으나 용골대는 듣지 않았고, 결국 두 사람 역시 죽임을 당했다.

병자호란은 삼학사의 가족에게도 큰 상처를 남겼다. 홍익한의 가족은 강화도가 함락되자 교동도로 피난하는 길에 청군을 만나 맏아들 홍수원이 후처 허씨를 감싸다가 청군의 칼에 죽고, 허씨는 물에 몸을 던져 자결하였으며, 며느리 이씨 역시 이를 보고 자결하였다. 또한, 둘째 아들 홍수인 역시 강화도 마니산에서 적에게 피살되어, 노모와 출가한 딸들만 간신히 살아남았다. 윤집의 형 윤계 역시 남양 부사로 재직하다가 순절하여, 아버지 윤섬과 함께 부자 3명이 전란에 순절하게 되었다. 오달제의 부인 남씨는 남편이 죽을 당시 임신해 있어서 딸을 낳았지만 일찍 죽었고, 자손으로 서자 한 명만이 남았을 뿐이다.

삼학사는 비참한 최후를 맞았지만, 후대에는 추앙을 받았다. 인조는 윤집과 오달제, 나중에는 홍익한의 가족들에게까지 쌀과 콩을 매달 지급하도록 하였다. 1653년(효종 4)에는 김시진(金始振)의 건의로 관직이 추증(追贈;공로가 있는 벼슬아치가 죽은 뒤 그 품계를 높여줌)되었고, 1686년(숙종 12)에는 홍익한에게 충정(忠正), 윤집에게 충정(忠貞), 오달제에게 충렬(忠烈)이라는 시호가 내려졌으며, 1688년(숙종 14)에는 남한산성에 삼학사를 기리는 현절사(顯節祠)가 세워졌다. 삼학사는 장렬한 최후를 통해 충절을 바친 조선 사대부들의 상징으로 기억된 것이다.

<집필자 : 김기영>

7. 광주부 이설과 남한산성 마을의 형성

(1) 광주부의 연혁과 남한산성으로 이설

1) 광주부의 유래

오늘날 광주의 읍치가 '광주(廣州)'라는 명칭으로 최초 등장한 것은 고려 940년(태조 23)에 신라시대의 한주(漢州)를 광주로 개칭한 때부터였다. 이러한 광주의 연혁을 『세종실록지리지』나 『중정남한지』에 따라 살펴보자.

광주의 유래는 일찍이 백제 시조 온조왕이 위례성(慰禮城)의 도읍을 동왕 13년(BC 6) 한수(漢水)이남의 한산(漢山)아래 궁궐을 세워 위례성 민호를 옮기고 동왕 14년 1월에 천도하여 남한성(南漢城)으로 불렀던 데서 시작이다. 이후 369년(근초고왕 24)에 남평양(南平壤)으로 천도하여 북한성(北漢城)이라고 부르면서 이 지역은 백제의 통치구역이었다. 그러나 한강유역을 둘러싼 삼국간의 쟁탈이 격화되면서 점차 신라와 고구려의 격전장이 되었으며 결국 553년(진흥왕 14)에는 이곳에 신흥주(新興州)를 설치하고 군주(軍主)라는 지방관을 파견하여 관할하게 됨으로써 신라의 대북방 전진기지로서의 구실을 하게 되었다.

이후 568년(진흥왕 29)에 신주정(新州停)을 두었다 철폐하고 다시 남천정(南川停)을 설치한 것은 이곳이 군사, 행정적으로 중요했음을 반영한 것이었다. 그 후 604년(진평왕 26)년에 남천정 대신에 다시 한산정(漢山停)을 설치하였다.

그리고, 삼국통일을 거치면서 663년(문무왕 3)에 한산주(漢山州)로, 8년 (668)에는 남한산주(南漢山州)로 개칭되어 9주(州) 5소경(小京)에 의한 통일신라 군현제의 근간을 이루게 되었다. 통일이후 756년(경덕왕 15)에 한주(漢州)로 고치고 소경1, 군28, 현47을 거느리는 수부(首府)가 되었던 것이다.

드디어 고려시대에 이르러 940년(태조 23) 3월에 주·부·군·현을 고칠 때 한주(漢州)를 광주(廣州)로 고침으로써 광주의 명칭이 최초로 역사의 무대에 나타나게 되었다. 그리고 983년(성종 2) 12목(牧)을 설치할 때 양주, 황주 등과 더불어 광주목이 되었다. 12목의 설치는 지방관을 파견하여 중앙의 행정력을 지방에까지 미치게 하려는 것으로 행정체계 확립의 서막에 해당되는 것이라고 말 할 수 있다. 또한 995년(동왕 14)에는 12목 대신에 12 주절도사(州節度使)를 파견함과 동시에 관내도(關內道)·중원도(中原道)·하남도(河南道)·강남도(江南道)·영남도(嶺南道)·영동도(嶺東道)·산남도(山南道)·해양도(海陽道)·삭방도(朔方道)·패서도(浿西道)의 10도제(道制)를 시행, 양주와 광주 등은 관내도에 소속케 하면서 군사적 성격을 더욱 강화하였다.

광주 산하에 천녕군(여주)·이천군(이천)·죽주(죽산)·과주(과천)·지평현(지평)·용구현(용인)·양근현(양근)을 두어 관할하였다.

이후 광주의 영속(領屬)관계는 시대에 따라 통합과 분할을 거듭하게 되었는데 1106년(예종 원년)에 관내도의 양주와 광주를 소령(所領)으로 중원도와 하남도를 합쳐 양광충청주도(楊廣忠淸州道)로 하였다가 1018년(현종 9)에 4도호부·8목·56군 등으로 개편되었는데 이에 따라 광주목이 다시 설치되었다. 이 때의 개편은 고려 지방제도의 제도적 확립이 정착되었던 시기로 광주는 군사, 행정적으로 중요한 역할을 담당한 읍치로서 기능하게 되었던 것이다. 그후 명종때 중원과 하남은 충청도(忠淸道)로, 관내도는 양광도(楊廣道)로 하였으며, 1314년(충숙왕 원년)에 다시 합쳐 양광도라 하였다. 1390년(공양왕 2)에 양광도 지역은 경기(京畿)로 편입되어 경기좌우도(京畿左右道)로 만들게 되었다.

한편, 조선시대에 이르러 1394년(태조 4)에 경기의 좌우도를 개정하면서 광주는 경기좌도에 편입되었다. 이어 1403년(태종 3) 11월 지방군현의 개편시에 충주·청주·원주·나주·상주·진주·성주 등과 같이 광주는 목(牧)으로 존속하게 되었고 1413년(동왕 13)에는 중앙관제의 개편과 더불어 지방관제도 대대적으로 개편, 8도제(道制)로의 편성과 군현을 재편하게 되었다.

그리하여 광주목은 1도호부(여흥)·1군(양근)·6현(음죽·이천·과천·천녕·지평·금천)을 관할읍으로 하였으며, 세조 원년(1455)에는 고려말의 익보제(翼輔制)를 모방하여 양주[後輔]·수원[前輔]·원주[右輔]와 같이 광주를 좌보(左輔)로 삼아 중요시하였을 뿐만 아니라 1412년(동왕 12년)에는 또 진관체제(鎭管體制)가 설립되면서 광주진(廣州鎭)을 거진(巨鎭)으로, 여주목·이천도호부·양근군과 음죽·지평·양지·죽산·과천현을 제진(諸鎭)으로 하는 군제를 편성함으로써 광주목사는 병마첨절제사(兵馬僉節制使)와 병마절제사(兵馬節制使)를, 기타 수령은 병마동첨절제사(兵馬同僉節制使)·병마절제도위(兵馬節制都尉)를 겸직하여 예하 군현을 통괄함으로써 신라시대부터의 군사적 중요성을 유지하게 되었던 것이다.

한편, 이와 같은 광주는 선초부터 매사냥터로써 또한 강무장(講武場-군사훈련장)으로써 관심을 받게 되었으며 또한 왜인들이 서울로 오는 왜인상경로(倭人上京路)에 위치하여 군사, 교통상의 중요한 위치를 차지하게 되었다. 1406년(태종 6) 2월 광주 동염창(東鹽倉)의 들판에서 강무를 시행하였고 또 1407년(동왕 7) 2월 광주 낙생역 앞뜰에서 강무를 행한 것이 그 예이다. 또 능행(陵幸)이나 온천행(溫泉幸) 그리고 사신 왕래로에 위치하여 광주 낙생역은 사신들의 숙박처로서 중요시 되었으며 1410년(태종 10)에는 여진족의 침입에 대비한 방어책으로서 충청지역의 산성수축 문제와 함께 이직(李稷)으로 하여금 광주 일장성(日長城-지금의 남한산성)의 수축여부를 살피게 하여 외적의 침입에 대비케 한 것으로 보아 교통, 군사적으로도 중요한 요충지였음을 알 수 있다.

이후 광주목은 연산군때 일시 혁파되었다가 중종때 다시 복구되어 1559년(명종 14)에 목사(牧使)가 다시 파견되고, 1566년(명종 21)에 겸방어사(兼防禦使), 1573년(선조 6)에는 겸토포사(兼討捕使)로 바뀌고, 1577년(선조 10)에 광주부(廣州府)로 승격되어 부윤(府尹)이 임명되다가 임진왜란이후에는 겸수어부사(兼守禦副使)로 바뀌었다. 이와 같이 광주목은 조선전기에 행정구역상 광주목으로, 군사상 광주진의 관부(官府)로서의 역할을 수행하면서 16세기까지 존속하였다.

2) 조선후기의 광주유수부

그런데 이러한 광주목을 남한산성으로 옮기자는 논의는 임진왜란이후 수도방어를 목적으로 강화도의 축성과 함께 남한산성을 수축하여 보장처로 삼아야 한다는 주장에서 비롯되었다. 1618년(광해군 10) 6월 비변사가 후금 (청)이 날로 번성하여 서북지방 변경의 방어문제를 제기하게 되자 민형남(閔 馨男)이 남한산성을 수축하기 위해서는 광주목을 산성에 이설하고 백성을 안집시킬 필요가 있다는 입장이 계기가 되었다. 이후 이 문제는 1623년(인조 원년)에 광주목을 유수겸수어사로 승격시키고, 1624년(동왕 2)부터 1626년 (동왕 4)에 남한산성을 수축한 뒤 곧바로 남한산성의 수어문제와 관련하여 재론되었다.

그러나 1626년(인조 4) 8월에 특진관 장만(張晩)과 수어사 이서(李曙)가 남 한산성 수어문제를 의논하는 가 운데 광주목을 산성에 옮겨 지키 자는 이읍수성론(移邑入守城論)과 산성에 별장(別將)을 설치하여 수 성하자는 별장설치수성론(別將設 置守城論)에 대해 의논한 결과 별 장설치수성론을 선택하게 되었다. 그러나 이것도 잠시 뿐 동왕 4년 9월 29일의 기록을 보면 목사입수 성론(牧使入守城論)과 타인입수성 론(他人入守城論)을 둘러싸고 다시 논의가 진행되었으나 결국은 남한 산성을 수축, 완료함과 동시에 광 주읍치를 남한산성안에 이설하게 되었다.

광주고읍터 지도(『廣州全圖』)

광주고읍터(하남 교산동 대형건물지 초석)

(2) 산성 마을의 형성과 주민의 생활상

남한산성을 수축하고 지키기 위해서 없어서는 안 될 것이 산성에 거주할 주민과 무기 및 군량미의 확보였다. 그 중에서도 먼저 산성주민을 확보하는 일이 시급한 과제였다. 남한산성 수축 이전에 어느 정도로 사람이 살았는지에 대해서는 아직 확인될 만한 기록을 찾지 못했다. 그러나 임진왜란이후 1593년(선조 26) 10월, 왜적에 대한 방어책으로써 남한산성을 요새화하여 방어할 것을 제안하고 광주·이천 등의 군사를 취합하여 수도를 방어하게 한 것이라든지 1597년(선조 30) 정월에 유성룡이 경기 백성들로 하여금 산성에 들어와 농사도 지으면서 산성을 방비하도록 건의한 사실을 통해서 산성 주민의 필요성과 그 존재를 추정해 볼 수 있다.

그리하여 당시 산성수축 문제로 유성룡(柳成龍)과 함께 산성의 형세를 조사한 노직(盧稷)의 보고에 따르면 당시 남한산성에 어느 정도의 백성이 거주하고 있었음을 알 수 있다. 이후 1618년(광해군 10) 6월 비변사가 오랑캐의 침입에 대비하기 위해서 남한산성 수축의 필요성을 제기하면서 경기도의 물자의 결핍과 백성의 모집 및 군량과 병기의 확보 등을 먼저 해결해야 한다고 한 사실에서도 산성방어에 있어 산성주민의 확보는 불가결한 것이었다.

따라서 이러한 바탕 위에 산성수축론자들은 도성의 보장처로서 남한산성의 수축을 주장하게 되었고 산성의 수축과 방어를 위해 먼저 승려를 모집하고 창고를 지어 곡식을 저장하거나 또는 인호(人戶)를 모집하여 부역을 면제할 조치를 선행해야 한다고 제안하였던 것이다. 특히 1624년(인조 2)에 적극적으로 남한산성 수축을 주장했던 영의정 이원익(李元翼)의 모민입거론(募民入居論)은 그 대표적인 것이었다. 이러한 배경 속에서 결국 남한산성은 수축하게 되었으며 산성의 관리와 방어를 위해 광주부를 이설하게 되었다. 그 결과 축성군으로서의 승도와 군병을 징발하고 일반 백성을 모민입거(募民入居)함으로써 산성주민을 확보하게 되었던 것이다. 초기에는 산성주민을 확보할 목적으로 광주관내의 백성은 물론 다른 지역의 거주민도 입거(入居-이주)시켜 신역(身役)을 면제할 뿐만 아니라 복호(復戶;戶役을 면제하는 것)함으로써 자생케 하였던 것이다.

그렇다면 당시 남한산성에는 어느 정도의 주민이 살았으며 또 그들의 생활은 어떻했을까? 다음 표는 『광주부읍지(廣州府邑誌)』(1842-43)에 나타난 광주부 전체의 호구와 인구를 집계한 것이다.

광주부의 호구와 인구 현황

면	호구	인구		합계
		남	여	
성내(城內)	1,088	2,100	1,947	4,047
경안(慶安)	541	1,234	1,350	2,584
오포(五浦)	417	969	1,461	2,430
실촌(實村)	653	1,115	1,206	2,321
초월(草月)	838	1,202	2,004	3,206
퇴촌(退村)	478	594	893	1,487
초부(草阜)	424	745	741	1,486
동부(東部)	771	1,325	1,596	2,921
서부(西部)	487	1,153	1,601	2,754
구천(龜川)	408	917	1,155	2,072
중대(中臺)	727	1,438	1,799	3,237
세촌(細村)	474	827	847	1,674
돌마(突馬)	575	1,020	1,366	2,386
낙생(樂生)	579	1,146	1,246	2,392
대왕(大旺)	772	1,612	2,159	3,771
언주(彦州)	738	1,559	1,757	3,316
의곡(義谷)	387	540	727	1,267
왕륜(旺倫)	276	565	652	1,217
월곡(月谷)	359	494	563	1,057
북방(北方)	327	684	678	1,362
성곶(聲串)	367	688	720	1,408
승호(僧戶)*	68			143
합 계	13,534	22,731	27,263	49,994

자료: 『광주부읍지』 방리조(1842-1843)
* 승호는 산성내 사찰에 거주하는 승려의 호구임

이에 따르면 광주부 전체의 호구는 모두 13,534호 이며, 인구는 남녀 합계 49,994명으로 나타나고 있다. 한편, 남한산성 안의 호구는 1,088호 인구는 4,047명이다.

그런데 산성 안의 행정구역은 『중정남한지』에 따르면 행궁과 동문을 경계로 하여 북동(北洞)과 남동(南洞)으로 구획되었으며, 남동의 호구는 614호로 남 1,191명 여 1,555명이며, 북동은 462호로 남 1,009 여 853명으로써 총호구는 1,076호 인구는 4,608명으로 편성되었음을 알 수 있다. 또한 정조 3년(1779) 8월의 기록에 의하면 성내의 민호는 1천여 호이고 남자 2천여 명, 여자 2천 3백 명이라고 하였다.

그러나 남한산성에 광주읍치를 옮긴 초기의 산성 마을 호구는 대략 300여 호 정도였다. 이 때만해도 신역과 전세를 면제하고 복호를 지급하여 생활은 그럭저럭 유지되었다. 그러나 자연출산으로 인한 인구 증가와 피역자(避役者의--신역 기피자) 투탁(投託)으로 말미암아 점차 600호, 나중에는 1,000호까지 증가되고 있다. 산성주민에게 생활우대책으로 베풀어졌던 신역 면제는 다른 읍민이 군역(軍役)을 면하기 위한 수단으로 이용됨으로써 모민정책(募民政策)마저 폐지하기에 이르렀던 것이다. 그리하여 산성의 호구는 모민정책을 포기한 대신 1,000여 호 정도를 안정적으로 유지하도록 조치하였던 것이다.

한편, 이와 같이 모여들어 살게 된 산성주민들의 생활은 어떠했을까? 그들의 생활은 그리 넉넉하지 못하였던 것 같다. 그것은 1637년(인조 15) 4월 병조판서 이시백(李時白)이 "광주민이 산성에 잘 들어오려 하지 않습니다. 비록 들어오려고 하는 자가 있어도 의지할 만한 것이 별로 없습니다. 이와 같은 사람들이 신역을 부담하는 데는 어려움이 있습니다. 그러므로 신역을

남한산성마을 전경(일제시기, 지수당쪽 방향)

맡은 자는 모두 모민(募民)에게 전가하여 책임지우니 모민중에 일찍이 자생할 만한 자는 말을 가지고 삯을 받으면서 생활할 수도 있지만 지금 생활할 수 없는 자는 차역(差役:身役)이 곤란하여 나간 자가 이미 14호나 되며 나머지 남아 있는 자들도 모두 계속 흩어질 뜻이 있습니다."라고 한 사실에서 산성주민의 생활의 한 단면을 엿볼 수 있다.

　그것은 산성의 경제적 입지가 '땅은 좁고 사람은 많은데[地少人多]' 그 원인이 있다고 본다. 물론 초기에 산성주민의 생활을 보호하기 위하여 광주의 전세 2,000여 결(結)을 거둬 지급하도록 하였고, 급복전(給復田)도 거의 1,000여 결에 달하였으나 역부족인 듯 하다. 산성주민들의 경제적인 처지는 '높은 산꼭대기(高峰絶頂)'에 몸을 의지하여 살기 때문에 본래부터 농업이나 상업 등의 생계를 영위할 수 없어 매년 환곡(還穀)을 받아 먹고 사는 지경이었던 것 같다. 따라서 조정에서는 산성주민을 보호하기 위해 신역을 면제하고, 급복(給復;호역을 면제)하였으며 심지어는 환곡을 대여해 주기도 하였으나 결국 환곡의 부족은 산성군량미의 부족을 초래하는 일까지 발생하게 되었다.

이러한 현실을 타개하기 위하여 실학자 유형원(柳馨遠)은 산성안에 와요(瓦窯)를 설치하여 기와를 구워 시장에 팔아 생계를 유지할 것을 제안하거나 또한 미개간지에 밤나무·배나무·뽕나무·잣나무·옻나무 등 경제림을 심어 민리(民利)를 도모할 것을 주장하기도 하였다.

<집필자 : 조병로>

8. 천주교의 전래와 남한산성 순교

(1) 남한산성 순교성지

우리가 남한산성을 답사하거나 산행을 하는 분들의 코스 형태를 보면 대개가 중앙 로터리를 중심으로 모여서 남문으로 올라가거나 북문으로 오르는 코스를 선택하고 간혹 빨리 가고자 하는 분들은 만해기념관 쪽이나 숭렬전 등 다른 빠른 코스를 이용하기도 한다. 그런 후 내려오는 코스도 비슷

남한산성 순교성지 성당

하다. 그러다 보니 중앙 로타리 아래에 있는 천주교 순교자 현양비 쪽으로
는 거의 가지 않고 모르기도 한다. 그렇지만 조금만 관심을 갖고 보면 남한
산성을 올라가는 남문과 동문 진입로에 천주교성지를 안내하는 이정표가
서있다. 그런데 우리나라 초기의 천주교는 광주와 관련이 깊고 천주교 신자
들이 남한산성에서 많이 순교하기도 했다.

(2) 조선 천주교의 전래

우리나라의 천주교 전래는 다른 나라의 전도와 다른 독특한 방법으로 도
입되었다. 조선의 선비들은 항상 서책을 가까이하였으며 초기의 천주교는
이러한 선비들의 학문을 좋아하는 호학(好學) 사상의 영향으로 중국을 통해
서양의 학문으로 들여와서 이를 서학(西學)이라 하였다. 초기의 서학은 학문
으로 공부하였는데 주로 정계와 거리를 두고 재야에서 실학(實學)에 힘쓰고
있던 사대부들에게 인기를 끌었다. 이들은 서학을 학문으로 공부하다 종교
로 받아들인 것이다. 특히 예수회 소속 이탈리아 선교사 마테오 리치(Matteo
Ricci)가 저술한 『천주실의(天主實義)』가 전래되면서 천주교 신앙의 탄생에
큰 영향을 끼쳤다. 『천주실의』는 조선 후기에 가장 많이 읽힌 천주교 교리서
이다. 1603년 베이징에서 간행된 이후 조선 후기에 이수광, 유몽인 등에 의
해 조선에도 소개되었다. 이 책의 주요 내용은 신(神)의 존재를 역설하고 불
교와 도교를 비판하였으며, 천국의 필요성과 인간 영혼의 신령함 등을 다루
고 있다.

지봉(芝峯) 이수광(李睟光)은 『지봉유설』에서 『천주실의』를 소개하면서 불
교와의 차이점을 언급하였다. 어우당(於于堂) 유몽인(柳夢寅)은 『어우야담』

에서 이를 소개하면서 천주교의 교리를 더욱 자세히 설명하였다. 이러한 천주교 교리에 대하여 당시 유학자들은 관심을 가지고 보기도 하였으나, 세상을 현혹하는 종교라 하여 이를 비판하고 배격한 이들도 있었다.

이러한 서학의 수용은 17세기 후반 안산의 첨성촌(瞻星村)에 은거하고 있던 남인계의 성호 이익(李瀷)과 그 제자들에 의해서 연구되었고 신앙으로 발전하였으며, 성호의 제자들 중에서도 권철신, 권일신, 이 벽, 이승훈, 정약전, 정약용 등 다소 진보적인 성향을 지녔던 성호좌파(星湖左派) 인사들에 의해 서학실천운동 내지 천주교 신앙운동으로 발전되었다(차기진, 1995).

이들은 권철신(權哲身)의 주도로 한역 서학서(漢譯 西學書)의 강학을 진행하였다. 이들은 대체로 경기도 양근과 광주를 세거지로 하였으며 광주의 깊은 골짜기인 천진암, 앵자봉의 줄기인 여주군 북내면의 주어사(走魚寺)를 중심으로 서학을 연구하고 토론하는 과정을 거쳐 지식에 머물렀던 서학(西學)을 신앙(信仰)으로 승화시켜 천주교 신앙 공동체를 시작한 한국 천주교회의 출발점이 되었다.

그래서 천진암에는 초기 천주교인으로 박해를 받거나 순교한 5인의 성인(聖人)인 이벽, 이승훈, 권일신, 권철신, 정약종 등을 모신 묘소가 있고, 천진암 성역 내에 초기 천주교 설립과 관련된 분들의 묘소도 따로 모셔져 있다.

이벽을 통하여 천주교를 처음 접한 이승훈은 1783년 서장관인 아버지를 따라 북경으로 가서 그곳에서 40여 일간 머물면서 북경에서 예수회 선교사 그라몽(J. J. Grammont) 신부를 만나 필담을 통해 천주교에 대해 궁금한 여러 의문점을 이야기를 나눈 후 1784년 북경의 천주교당에서 세례를 받고 여러 종의 천주교 교리서와 십자가상, 묵주 등 천주교 관련 물건을 갖고 돌아왔다. 귀국하여 이벽 · 권일신 · 정약용 등에게 세례를 주었으며 명례동의 김범우의 집을 천주교 집회소로 하고 정기적인 신앙의 모임을 갖기 시작하였으며 이로 인하여 한국 천주교회가 세워지는 데 크게 기여하였다. 그 후 중국의 주문모 신부가 1794년 12월 윤유일과 지황의 안내를 받아 한국에 입국하여 서울 북촌 최인길의 집에서 조선 최초의 성사(聖事)를 집전하였다. 주문모 신부는 위험 속에서도 경기도와 충청도 지방을 순회하며 전교했으며, 열성적인 전교로 1801년 천주교 신도수가 1만 명을 헤아리게 되었다. 그러나 1801년(순조 원년)인 신유년에 정조 사후 수렴청정을 하던 정순왕후의 후원을 받는 벽파가 시파와 남인을 제거하려 천주교를 탄압한 신유박해(辛酉迫害)로 최초의 세례자 이승훈, 이가환, 정약종, 권철신, 홍교만 등의 남인계 신자와 중국인 신부 주문모 등이 순교하였다.

(3) 남한산성의 천주교 박해

광주의 남한산성은 천주교를 접하기에 지리적으로 유리하여 많은 신자가 믿기 시작하였다. 즉 초기 천주교의 뿌리가 한강 이남의 양근과 여주, 광주에서 발전하여 천진암과 주어사를 중심으로 서학을 공부하다 천주교로 발전하고 이승훈이 세례를 받고 돌아와 이벽과 권일신 등에게 세례를 주면서 양근과 광주일대에서 천주교 신자가 점점 늘어나 초기의 신자 수가 약 70명에 이르렀다(최완기, 2004).

그런데 이들은 당시의 충효(忠孝) 논리에 어긋나 모두 죄인으로 몰렸으며 1801년 신유박해때 처벌을 받아 잠시 천주교의 전파가 주춤하기도 하였으나 정약종과 그의 아들 정하상의 노력으로 다시 천주교 신자가 늘어났다. 그러나 정부의 천주교에 대한 탄압은 계속되어 이들의 앞날은 순탄치 못했다.

천주교인으로 적발되면 정부의 무자비한 박해를 받아야 했고 주변 사람들에 의한 끊임없는 배교의 유혹을 받아야 했으며 이 유혹을 받은 신도중 일부는 실제로 배교하기도 하였다. 이들이 처벌을 받는 이유 중의 하나는 조선은 유교를 나라의 근본으로 하는 데 천주교인들은 임금도, 부모도 모르는 사악한 무리라는 것이다. 광주 일대의 천주교인이 점점 늘어나고 수가 많았기 때문에 광주의 포졸들은 천주교인들을 대대적으로 잡아들여야 했다.

광주 인근의 천주교도를 탄압하고 치죄한 광주의 부윤은 이가환(李家煥)이었다. 이가환은 남인계의 실학자로 많은 천주교 신자들의 스승인 성호 이익의 종손이며 조선 최초의 세례자인 이승훈의 숙부이며 자신도 천주교 신자로서 잡혀가 배교한 사람이지만 1801년 신유박해때 천주교 신자로 인정되어 이승훈과 함께 순교하였다. 광주의 남한산성이 이렇게 천주교인을 탄압하게 된 요인은 광주부의 행정적 위치가 광주의 치소가 고골에서 남한산성 안으로 옮겨졌고 광주의 행정책임자인 부윤이 포토사를 겸임하고 지역의 치안을 담당하면서 인근 지방의 죄인을 치소로 잡아들여 기본적으로 먼저 조사하고 형벌을 주었으며 중죄인의 경우 서울로 압송하여 보내는 임무가 주어졌기 때문이다. 이런 연유로 정부가 엄금하는 천주교인들의 경우도 일반 범죄인 같이 광주부에서 먼저 조사가 이루어지고 처벌도 대개 이곳에서 이루어졌다. 심지어 중죄인으로 여겨지는 사형도 서울로 이송하지 않고 실제로 이곳에서 사형이 행해지기도 하였다.

(4) 순교자와 현양비

포도청 자리라고 불려지는 곳 근처에 세워진 천주교 현양탑에는 광주 남한산성에서 순교당한 순교자들의 명단이 기록되어 있다. 이들은 이곳 포청에서 조사를 받는 과정에서 대부분 순교하였으며 실제로 참수를 당한 순교자는 한덕운 토마스가 유일하며 신유박해로 동문 밖에서 처형되었다.

복자 한덕운 토마스 순교터비

한덕운은 1752년 충청도 홍주의 양반 집안에서 태어났고 1790년 윤지충으로부터 십계에 대해 배운 뒤 입교하여 신앙생활에 전념하였다. 1800년 10월 한덕운은 가족을 이끌고 광주땅 의일리로 이주해 살았다. 그러던 중 1801년 신유박해가 일어나자, 교회의 동정을 살펴볼 목적으로 옹기장수로 변장하고 서울로 올라가 청파동, 서소문 등지를 돌아보다가 순교자 홍낙민 루카와 최필제 베드로의 시신을 발견하고 이를 거두어 주었을 뿐만 아니라 마음이 약해져 배교하고 석방되어 있던 홍낙민의 아들 홍재영 프로타시오를 만나자 부친을 따라 순교하지 못한 사실을 크게 질책하기도 하였다. 이와 같은 활동으로 인해 천주교 신자로 체포된 한덕운은 형조에서 "제가 한 활동은 천주교와 교리를 깊이 믿으면서 이를 가장 올바른 도리라고 여긴다는 것을 말해주는 것이니, 지금에 와서 형벌을 당한다고 어찌 마음을 바꿀 생각이 있겠습니까? 오직 빨리 죽기만을 바랄 뿐입니다"라고 최후 진술을 하였다. 그리고 남한산성 동문 밖에서 1801년 12월 27일(양력 1802년 1월 30일) 참수형으로 순교하였다. 자신의 턱을 괴어야 하는 나무토막을 직접 손으로 받쳤으며, "한칼에 내 머리를 베어 주시오"

라고 말하였다. 그의 의연한 모습에 두려움을 느낀 망나니는 헛 칼질을 하였고 세 번째 칼질에서야 겨우 한덕운의 머리가 떨어졌다고 한다.

　기해박해(己亥迫害)때 김덕심 아우구스티노와 김준원 등 2명이 순교하였고 1866년의 병인박해(丙寅迫害)때 정여삼 바오로 등 19명이 순교하였으며 시기와 이름을 알 수 없는 순교자들을 포함하여 300여 명이 순교하였다. 이들은 광주부에서 정식으로 재판에 의한 사형도 있었지만 대부분은 조사받는 과정의 곤장으로 볼기를 치던 장형(杖刑)으로 인한 장사(杖死)와 그 후 유증으로 인한 옥사(獄死) 그리고 너무 많은 죽음으로 인한 두려움과 손쉽게 죽음에 이르게 하기 위한 얼굴에 물을 뿌리고 창호지를 발라서 숨을 못 쉬게 하는 백지사(白紙死)를 행하기도 하였다. 이들 순교자들의 면면을 보면 대개가 가족관계로 연결되어 있다. 안타까운 것은 하남시 망월동의 구산성당은 김성우 가문의 9분이 순교를 당해 그분들의 유해를 모신 성지에 세워진 성당이다. 장남 김성우는 천주교를 접하고 곧 두 동생 김덕심, 김윤심과 함께 입교하였고, 친척들과 이웃들에게 열심히 전교하여 결국에는 온 마을이 교우촌이 되었다. 그리고 성희, 차희, 경희, 윤희는 아들, 조카들로 모두 남한산성에서 순교하였고 정은과 정베드로도 재종손간으로 이들도 함께 순교했다.

　김성우(金星禹) 성인은 현재 경기 하남시 망월동(광주 구산)출생으로, 천주교를 접하고 두 동생과 함께 입교하였고, 친

천주교 순교자현양비

척과 이웃에게 전교하여 온 마을이 교우촌이 되었으며 유방제(劉方濟) 신부에게 세례를 받았다. 또 그의 집을 공소로 개조하여 신부를 보필하며 교우들을 돌보았다. 그곳에서 모방(P. P. Maubant) 신부는 자주 미사를 집전했다. 1839년 기해박해가 발발하자, 김성우는 피신했지만, 그의 남동생 둘은 구산마을에 남아있다가 모두 체포되었다. 큰 동생 김덕심 아우구스티노는 남한산성 감옥에서 1841년 5월에 43세의 나이로 옥사하였고, 작은 동생은 감옥에서 여러 해를 고통받았다. 피신해 있던 김성우는 한 배교자가 그를 고발하여 그의 온 가족이 체포되어 투옥되었다. 포도청에서 혹독한 형벌과 고문을 받고 배교를 강요받았지만 굳건히 견뎌냈다. 감옥에서도 전도하여 두 명의 수감자에게 세례를 주었다. 1841년 4월 29일, 교수형을 받아 47세의 나이로 순교하였다. 1984년 한국천주교창립 200주년을 맞이하여 한국을 방문한 교황 요한 바오로 2세가 그를 성인으로 시성하였다.

(5) 구산성당

구산성당은 마을 뒷산이 거북이 모습을 닮았다 해서 이름이 붙여진 구산마을에 위치하며, 김성우 안토니오 성인의 생가 터에 마을 주민들이 세운 성당으로 1956년 완성하였다. 이곳은 우리나라 최초 서양 신부인 피에르 모방 신부가 은신하기도 했고 한때 김대건 신부가 거쳐간 곳이기도 하다. 이곳에는 김성우를 비롯한 9명의 순교자 무덤과 순교현양비가 있다.

2009년 미사지구 개발에 포함돼 철거 위기를 맞았지만 논란 끝에 원형 이동보존 방법으로 결정됐으며 드잡이 레일 이동 공법으로 원형 그대로 200m 떨어진 현재의 장소로 옮겨졌다.

순교자 명단							
신유박해	한덕운 토마스	1801. 12. 27	참수		이종여	1866. 02(?)	장사
기해박해	김덕심 아우구스티노	1841. 01. 28	옥사		이종여의 장인	1866	장사
	김준원 아니제토	1845.12(혹은 1866)			홍성국 요한	1867. 04	
병인박해	정여삼 바오로	1866. 10	옥사(?)		김윤심 베드로	1868. 02. 15	
	이화실	1866. 10	옥사(?)		김성희 암브로시오	1868. 02. 15	
	윤(尹)서방	1866. 11	옥사(?)	병인박해	김차희	1868. 02. 15	
	정 은 바오로	1866. 12. 08	백지사		김경희	1868. 02. 15	
	정(鄭) 베드로	1866. 12. 08	백지사		김윤희	1868. 02. 15	
	이(李) 요한	1866	교수		이(李) 요한	1869. 02	
	오(吳) 안드레아	1866	교수		이치재	1871. 09. 06	
	서(徐) 아우구스티노	1866. 02(?)	장사		서(徐) 바오로	미상	

(1867. 01. 09 이전 옥사자 10인과 1868. 01. 04 이전 옥사자 6인 광주부 명단) : 이학록 이정현 엄쾌길 서상철 이기좌 권경보 김준원 오선장 김하상 한동원 이재금 한경조 윤재현 김상희 송일지 송칠지 외 무명순교자 300여분

구산성당(출처:구산성당 홈페이지)

<집필자 : 김이동>

9. 근·현대의 남한산성

(1) 한말 남한산성 연합의병

1) 1896년 남한산성연합의병의 항쟁

고대 삼국시대부터 수도방위의 중책을 맡았던 남한산성과 광주 지역은 1894년 8월 20일 경복궁을 무력 점령한 일제의 침탈로 인해 항쟁의 중심지가 되었다. 친일 정권에 의해 반포된 갑오개혁을 통해 광주부는 23부의 하나인 한성부(漢城府)에 소속되었고, 유수부가 폐지됨에 따라 3등급인 광주군으로 강등되었다. 이어 12월 30일 상투를 자르라는 단발령(斷髮令)이 시행됨에 따라 전국적으로 의병이 봉기하기에 이르렀다.

남한산성을 중심으로 전개된 한말 항일연합의병은 이른바 '이천수창의소'라 불리는 대표적인 전기 의병이다. 이들은 단발령이 내리진 다음날인 12월 31일 서울에 있던 유생 김하락(金河洛)·조성학(趙性學)·구연영(具然英)·김태원(金泰元)·신용희(申龍熙) 등이 경기도 이천에 모여 '국모의 원수를 갚자'며 거의를 결정하고 의진을 구성하였다. 대장으로 박준영(朴準英), 군사 겸 도지휘로 김하락(金河洛)이 맡았다.

김하락 의진이 900여명 넘는 군사를 모집하자, 용인·안성·포천·시흥·수원·안산 등 인근 지역의 민중들이 호응해 이천에 몰려들었다. 이천수창의소는 1896년 1월 17일 광주군 광현(廣峴:넓고개)에서 서울 용산에서 파견된 일본군 수비대 180여명과의 전투 끝에 승리하여 많은 전리품을 노획하였다. 이어 2월 12일 이현(梨峴)에서 재차 투입된 일본군 200여명과 전투를 벌인후, 이천으로 재집결하였다. 이어 여주의 군사 500여 명을 모집하여 2천여 명의 의병을 이끌었다.

김하락『진중일기』

이천 광현 전투기념비

이 무렵 광주의 의병장인 심진원(沈鎭元)이 2월 10일경 남한산성을 점령했다는 소식을 전해왔다. 그는 선봉장 김태원에게 격문을 보내어 "성에 들어와 점거하였는데, (정부군)창령 장기렴(張基濂)이 800명을 이끌고 와 몇겹으로 에워싸고 있으니 전략적으로 중요한 곳이지만 군사가 적어 함락될 위험이 있다."며 응원을 요청하였다. 이에 연합의병군이 포위망을 뚫고 큰 전투를 벌여 물리친 뒤 어렵게 산성으로 입성하였다.

남한산성으로 진입해 들어온 연합의병은 수일동안 훈련을 실시하였다. 당시 산성 안에는 군수물자도 풍부하여 군량과 무기들이 산더미같이 쌓여 있었다고 한다. 김하학의 『진중일기』에 의하면, 이곳에 비축한 군량미는 약 5만~8만여 석에 달할 정도였다. 갖춰진 무기로는 "대완기(大碗器)가 수십자루, 불랑기(拂狼器)가 수십자루, 천황포(天黃砲)·지자포(地字砲) 수십자루, 천보총(千步銃) 수백자루, 조총도 수를 셀 수 없을 정도였으며, 탄약 철환도 산더미 같았다"고 한다. 이에 여러 장수들은 "군용이 유여한데다 진을 칠 곳마저 견고하여 몹시 기뻐했다"고 적고 있다.

이러한 연합의병의 기세에 대해 일본군도 크게 당황하였다. 당시의 긴박한 상황을 보도한 일본의 《도쿄아사히신문(東京朝日新聞)》(오늘날의 《아사히신문》)에는 남한산성의 의병 상황을 다음과 같이 상세히 보도하고 있다.

> 남한산성 안의 적의 수는 약 1,600여 명이다. 그 가운데 1,000여 명은 광주, 이천 그리고 양근(현재의 양평)의 포군, 즉 옛 지방병이고 나머지 600명은 광주의 농민이다.

이에 대해 친일정부는 의병의 남한산성 점령 소식에 크게 당황하였다. 곧 친위대와 강화병을 합쳐 3개 중대와 2개 소대를 파견하여 남한산성을 포위하였다. 강화도병 200명이 대포 2문을 끌고 성의 동문인 불당곡(佛堂谷, 현 광주시 남한산성면 불당리)에, 친위 1중대는 남문 밖의 매착점(梅着店, 현 성남시 위례동), 1개 중대는 동문 밖 향교리(鄕校里, 현 하남시 교산동)에 진을 쳤다. 정부군은 3월 5일 공격을 벌였으나, 오히려 크게 패해 대포 1문까지 빼앗긴

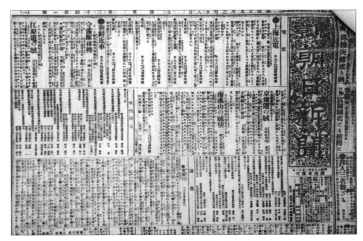

≪東京朝日新聞≫ 1896년 3월 28일자

채 쫓겨나고 말았다.

　이에 관군은 다수의 일본군과 함께 재공격하였으나, 험난한 지형을 이용한 의병의 공격으로 수차례 패전을 거듭하였다. 남한산성 연합의진은 마침내 서울진공계획을 수립하기에 이르렀다. 이 계획은 의병들이 지리적으로 서울과 가까운 위치에 있었으며 다수의 병력과 무기들, 수차례에 걸친 전투 경력이 갖고 있었기에 가능했다. 또한 춘천과 광주 등 다른 지역 의병들까지 같이 참여하려는 모습들도 보이고 있다. 즉 의진의 서울진공작전은 러시아 공사관에 있는 고종의 환궁을 도모하려는 것이었다. 이를 위해 3차에 걸친 계획을 세웠는데, 1차로 산성 근방의 의병들이 연락하여 수원을 점령하고, 2차로 협공으로 산성 주변 일본군을 타파하고, 3차로 충청·전라·경상도 지방 의병까지 규합하여 경성을 진공하겠다는 내용이다. 즉 일본군 수비대 소위가 일본공사관에 보고한 바에 의하면, 춘천의병 1.200명이 양근에 도착했는데 그중 200여 명이 한강 상류를 건너 광주에 합류했다는 것이다. 이처럼 남한산성 연합의진은 우세한 형세 속에서 서울진공계획을 진행하고 있었다.

그러나 이 진공계획은 1896년 3월 22일 갑자기 무산되고 말았다. 관군의 꾐에 빠진 의병부대 지휘관이 성문을 열어주어 관군을 끌어들인 것이다. 군사인 김하락과 선봉장인 김태원이 남긴 기록인《진중일기(陣中日記)》와《을병사략(乙丙事略)》에 의하면, 관군측의 계략에 넘어간 주장 박준영이 관군에게 성문을 열어주어 함락되게 되었으며, 박준영의 3부자가 지도부에 의해 처단되었다는 것이다. 3월 22일 새벽 두시, 일본군과 관군의 남한산성 침공이 시작되었고 전투는 날이 밝을 때까지 치열하게 전개되었다. 당시의 전투로 사망자가 의병 500여명, 관군 300명이었다고 하며, 성을 빠져나간 의병은 400여명 밖에 되지 않았다고 한다.

남한산성 중앙공원 안의 광주항일의병 기념물

일제는 의병을 진압한 이후, 또다시 남한산성이 의병들의 항전지로 전락되는 것을 두려워하여 경계를 늦추지 않았다. 각 사찰을 비롯해 곳곳에 많은 무기고와 탄약, 식량이 비축되어 있기 때문이다. 이에 일본군은 1899년

12월 초 수비대 4중대가 산성에 숙영하며 지형을 파악한데 이어, 관내의 모든 병기와 탄약을 회수하였다. 그리고 산성마을 안에 광주헌병분견소를 설치하였다.

일제는 1907년 8월 1일 헤이그밀사 파견을 구실로 고종황제를 강제 퇴위시킨 후, 대한제국 군대도 해산시켰다. 이어 본국에 증원군 파견을 요청하며 무력진압에 나섰다. 남한산성에 파견된 일본군 부대는 8월 22일 산성 안의 사찰과 관공서에 보관 중인 무기 전부를 압수하고 탄약을 보관하는 화약고와 무기고를 폭파하였다. 파괴는 오전 9시 30분부터 오후 5시까지 진행되었는데, 산성 안의 사찰들을 주요대상으로 삼아 진행되었다. 사찰이 의병들의 무기와 군수물자 보급처인 동시에 초모활동을 벌이는 근거지가 되기 때문이었다. 당시 산성 안에는 개원사(開元寺)를 비롯해 전국 6도에서 올라온 부역승군들이 머물던 9개의 사찰이 있었는데, 산성을 수비하는 400여명의 승군이 관리하던 병기고와 화약고, 식량창고 등이 설치되어 있었다. 일제는 이 사찰의 시설물 모두를 파괴하였는데, 당시 주민들은 폭발음이 '천지를 진동할 정도'였다고 전하고 있다.

이로써 9개 사찰 중 8개 사찰이 전소되었고, 산성 동문 쪽의 장경사(長慶寺)만 겨우 소실을 면하였다. 파괴된 사찰은 승장(僧將)이 머물던 개원사(開元寺)를 비롯해 동문쪽의 망월사(望月寺), 남문쪽의 남단사(南壇寺)와 한흥사(漢興寺), 벌봉의 동림사(東林寺)와 옥정사(玉井寺), 서문의 국청사(國淸寺)와 천주사(天柱寺) 등이다.

항일정서가 여전히 남아있는 남한산성이 또다시 의병과 항일운동의 근거지가 될 것을 두려워한 일제는 이제 산성마을 자체를 해체시키려 노력하였다. 일제는 1912년부터 2년간 서울에서 광주군 주막리(酒幕里, 오늘의 경안

일제시대의 광주군청

동)를 지나 이천에 이르는 신작로를 개설하여 행정조직의 개편을 유도하였다. 이후 1914년 3월 취해진 행정구역 통폐합 조치를 통해 일제는 남한산성을 광주부가 아닌, 광주군 중부면에 편입하여 위상을 격하시켜 버렸다. 파괴된 행궁 터에는 중부면사무소가 설치되었다.

　나아가 일제는 교통이 불편하다는 이유를 들어 광주군청을 임의로 옮겨버렸다. 일제는 1917년 12월 7일자 조선총독부 관보를 통해 "경기도 광주군청(廣州郡廳)을 광주에서 경안리(京安里)로 이전한다."고 고시하였다. 주막리를 경안면(慶安面) 경안리(慶安里)로, 다시 안경리(京安里)로 명칭을 바꾼것이다. 아울러 경찰서 등 치안기관과 광주우체국 등 관공서 기관도 함께옮겨 버렸다. 이러한 일방적인 조치로 인해 군 청사를 비롯한 행정기구와 치안, 통신 및 체신기관 등이 모두 산성마을을 떠나야 했다. 1930년대 중반까지 283호, 1,675명 규모의 작은 마을이었던 경안역촌(慶安驛村)과 주막리는군청이 이전된 이후 경안리(京安里, 현재의 광주시 경안동)로 행정명이 바뀌면서 행정과 정치의 중심지로 부상하였다.

이로 인해 조선초기부터 약 300년간 행정과 군사도시로서 기능했던 남한산성 마을은 중심도로에서 멀리 떨어져 궁벽한 산골마을로 전락하기 시작했다. 당시 산성 안에는 매일 인근 잠실과 송파·거여동을 비롯해 성남·하남 등지로부터 행정사무를 보려는 사람들과 시장과 장터로 모여든 사람들로 매우 번화했다고 한다. 마을에는 양조장을 비롯해 우체국, 문방구점, 푸줏간, 대장간집, 잡화점, 주막과 심지어 고급 요정집 등 각종 상점과 1천여 호를 넘는 집들이 빽빽하게 들어섰다.

하지만 번화했던 산성마을은 일제가 의병진압을 본격화하던 1907년과 광주군청을 경안으로 옮긴 1917년을 계기로 급격히 퇴락하기 시작했다. 1871년 편찬된 『광주부지』에 기록된 산성 내의 호구 수가 1,161호였는데, 1907년 조사에 따르면, 성내동의 전체 호구는 844호, 3,382명로 감소하였다. 더욱이 1930년대 중반의 보고에는 더욱 급감하여 산성리에 241가구, 1,402명으로 조사되었다. 이후 1940년대 중반 무렵에는 70~80호만 남은 것으로 알려졌다.

산성마을은 원래 풍부한 농경지가 있던 곳이 아니라 상업마을이었으므로 행정과 군사·상업 기능이 사라지자 그에 종사하던 사람들도 마을을 떠나게 되었다. 게다가 교통상황도 불편하고 장사도 활기를 띠지 못하니 주민들은 생계를 잇기 어려워 서울과 광주·여주·양평 등지로 떠나야 했던 것이다.

2)남한산성 아랫마을 율목창리가 창곡동으로

1910년 8월 29일 대한제국 국권을 강제 찬탈한 일본 제국주의는 9월 30일 조선총독부 관제를 제정함과 동시에 지방제도도 개편하였다. 전국은

1885년 일본군이 작성한 지도상의 율목창리(栗木倉里)

1919년 당시 창동(倉洞), 창곡동(倉谷洞) 표기 지도

13도로 정해졌으며, 각 도에서는 도장관(道長官), 장관 관방 및 내무·재무 등 2부를 두었고 그 하부인 부(府)와 군(郡)에는 각각 부윤과 군수를 배치하였다. 일제가 시행한 지방제도 개편의 의도는 전통적 지방자치의 성격을 봉쇄하고 일선 행정을 장악하기 위한 토대 작업의 일환에서 추진된 것이다.

조선총독부는 지방통제를 강화하기 위해 1913년 12월 29일 총독부령 제111호로 「도의 위치·관할 구역 변경 및 부·군의 명칭·위치·관할 구역 변경에 관한 규정」이 공포되었다. 종래의 12부 317군을 12부 220개 군으로 통폐합하여 전면적인 재편을 단행하였다. 전국 4322개 면은 2517개 면으로 통폐합되었다. 특히 1913년 총독부령 도·군·부 관할 구역 변경에 의해 중부면이 신설되었으며, 현재 성남지역 관할 구역의 기본 틀이 형성되었다. 1914년에 부령 제111호에 의하면, 이 지역은 광주군 중부면 관내 세곡동(細谷洞)과 서부면에 속한 창동(倉洞)을 통합하여 창곡리(倉谷里)로 편제되었다. 1885년 일본군 장교가 제작한 지도에 이 마을은 율목창리(율목창리)로 표기되어 있는데, 1914년 조선총독부가 제작한 지도(국가기록원 소장)에 의하면, 창동(倉洞)과 창곡리(倉谷里)와 매착리(梅着里)로 나눠져 있음을 알 수 있다.

1917년 무렵의 남한산성은 오늘날의 서울시 송파구와 강동구·강남구 일대와 성남시 등지를 관할하는 광주군에 속했고, 광주유수가 정무를 보는 유수부 또는 광주군수가 머문 광주군청이 설치된 곳이다. 한양도성에서 남한산성으로 오는 길은 송파나루(삼전도)에서 나룻배를 타고 거여동 방면에서 서문으로 오르거나 매착리(梅着里, 일명 梅庄里)~창곡동을 거쳐 남문으로 오르는 길을 택했다.

언제부터 율목창리(栗木倉里)에서 창곡리(倉谷里), 또는 창동(倉洞, 줄임말로 창말, 창골 등)으로 바꾸어 불리우게 되었는지는 알 수 없다. 다만 남한산성을 축성할 무렵인 조선 1624년(인조 2년) 무렵 산성 남문 아래의 윗마을 상단(현재의 위례그린파크 푸르지오아파트 내로 추정)에 율목창리란 지도상의 마을이 표시되어 있다. 또 쌀과 소금 등 식량과 목재·무기 등을 저장할 대규모 창고를 지으면서 비롯되었다는 주민들의 주장이 많은 것으로 보아 창고와 관련해 마을 이름이 지어진 것은 분명해 보인다. 남한산성으로 오르는 각종 쌀과 소금, 무기류 등을 보관하였을 거대 창고군(群)은 일제의 군대가 들어서기 직전까지 주춧돌이 남아 있었고, 주위에 많은 기와파편이 출토되기도 했다.

실제로 남한산성 남문 아래의 광주군 중부면(현 성남시 수정구)의 마을 중에는 창곡동이 제법 큰 마을에 속했다. 일제 강점시기에도 창동과 창곡리(간이골, 매착리 포함)을 포함해 약 100호에 이르렀고, 1970년 무렵에는 250여 가구에 이르렀으니 약 400~1,000여명이 거주한 큰 마을이었던 것이다. 창곡동에서 남한산성으로 오르는 옛길은 '큰길'과 '잿골길'을 들 수 있다. 큰길이란 마을 상단에 자리했던 큰 창고군에서 우마차나 수레를 끌고 산등성이를 따고 남문을 향해 곧바로 오르는 길이다.

창곡동에서 남한산성으로 오르는 또 다른 길인 잿골은 창곡동 산 33번지 일대와 학암리 경계지점에 있는 골짜기를 이른다. 이 길은 잣나무가 많아서 '잣골'이라 했다가 잿골로 바뀌었다는 설도 있지만, 고개라는 뜻의 재와 골짜기를 합쳐 불리운 이름으로 여겨진다. 잿골길의 중간구간부터는 한 사람이 겨우 지나갈 수 있을 정도로 좁고 경사도가 가파르며, 꼭대기에 이를수록 좁아져 작은 봇짐을 진 상인들이나 개인들이 다녔던 길로 여겨진다. 골짜기가 끝나는 길에 일반인의 접근을 막기 위해 옛 군부대가 철책을 설치해 옛길의 정취를 잃어버리고 말았다.

(2) 남한산성의 독립만세항쟁

1) 1919년 3월 26일~27일 독립만세운동

일제의 가혹한 식민지탄압, 경제수탈에 분노한 광주 민중들의 저항은 1919년 3월 전 민족적 만세운동으로 분출되었다. 광주군의 3·1만세운동은 3월 26일 장날이던 중대면 송파일대에서 시작되어 저녁까지 진행되었다. 이어 3월 26일 새벽부터 광주와 성남 일대에서 일기 시작한 만세시위운동은 남한산성 마을을 중심으로 하여 전개되었다. 광주군 중부면의 면사무소는 산성리 935-6번지 옛 행궁터 부근에 있었다. 1919년 당시 광주군 중부면은 산성리와 창곡리를 비롯해 13개 동리로 구성되어 있었다.

조선총독부 경무총감부와 조선헌병대사령부에서 남긴 기록인 『조선소요사건관계서류』 중 1919년 4월 10일에 작성된 <조선소요사건일람표>에 의하면, 1919년 3월 26일 광주군 중부면 산성리에서 만세운동에 일어났다. 이때 만세시위에 참여한 인원은 200여 명으로 적혀있다. 이날 광주군에서는 구천면(九川面) 상일리(현 하남시 상일동)와 동부면에서도 만세시위가 있었는데, 일제는 관내 일본인들에게 "민심의 동요가 심하고 불안상태가 있어" 폭행이 발생하면 각자 자위를 해야 한다고 결의할 정도였다. 이어 다음날인 3월 27일 새벽에 중부면 성남출장소 관내 단대리(丹垈里)·탄리(炭里)·수진리(壽進里) 등의 동리 주민들이 300여 명이 주도하였다. 주동인물이 밝혀지지 않아 자세한 경과를 알 수 없으나, 시위대는 3월 27일 새벽 남한산에서 횃불을 밝히고 이를 신호로 남한산성 남문으로 올랐다. 남문에 집결한 시위대는 독립만세를 외치며 산성 안으로 진입하였다. 시위대가 중부면에 집결하며 격화되었는데, 평소 일제에 협력한 당시 중부면장(석경환石瓊煥)이 시위를 자제할 것을 요청하자 감정이 폭발하여 면장을 끌어내어 곤봉으로 폭행하여 30일간 치료를 요하는 중상을 입혔다. 결국 경비 중이던 일본 헌병이 총기를 발사해 시위운동을 좌절시켰다.

일제는 광주 일대의 시위주도자인 돌마면 율리(현 율동) 출신의 한백봉(韓百鳳) 등 수 십명을 3월 29일에 체포하여 판교의 헌병주재소로 연행했다. 일제는 시위자들을 남한산성의 헌병분견대 광주분견소에 이송하여 4일간 혹독한 고문을 가하였다. 그 후 대부분의 인사들은 방면되었으나, 한백봉은 경성지방법원 수원지청을 거쳐 서대문감옥에 이감되어 징역 1년을 복역하

1919년 3월 26일~27일 남한산성 만세시위 보고   만세시위 주동자 한순회 묘

였다. 이후 만세시위는 곤지암과 실촌면, 남종면 등 광주 전역으로 확대되어 4월 6일까지 전개되었다.

거족적인 3.1만세운동 이후 1920년대 들어서는 전국의 농민과 노동자들이 스스로 민족적 자각을 하고, 의식개혁을 위한 계몽활동을 적극 벌여 나갔다. 농민들은 일제와 친일지주의 토지수탈에 맞서 소작쟁의를 벌였고, 노동자들도 전국의 생산현장에서 공제회와 조합을 조직해 의식개혁 운동을 전개하였다. 광주 지역에는 다양한 대중운동 단체가 활발히 활동했다. 광주중앙청년회와 송파광주청년회·광명청년회·진흥청년회·노동공제회 등이 지역사회운동을 이끌었다. 또한 조선일보를 비롯해 중외일보·조선농민사 지국 등이 설치되어 전국의 상황을 소개하며 연대활동을 펼쳤다. 이러한 대중운동 단체들은 농촌사회에 문맹퇴치와 사회개조 활동, 종교단체와 야학을 통한 강연회·순회 음악회 등으로 활동했다.

그중 가장 눈에 띄는 대중운동 단체는 1927년 여름 본격적으로 논의된 전민족적 연합운동단체인 신간회의 광주지회 설립의 일이다. 신간회 광주지회 설립은 1927년 5월 조선사회단체중앙협의회에서 '민족단일당론'이 대세를 장악하게 된 이후 급속하게 진행되었다. 《조선일보》 1927년 7월 10일 기사에서는 광주군에서 "유지 제씨의 발기로 조선민중의 총역량을 집중하고 조선민족단 일당인 신간회 지회를 설치하고자 임시사무소를 송파중앙청년회 내에 설치하고" 회원을 모집하며 지회 설립 준비에 노력하고 있다고 보도하였다.

여러 차례 회의를 거듭한 끝에 8월 14일 중부면 산성리 동문쪽에 있는 사찰로 유일하게 전소를 면한 장경사(長慶寺)에서 20여 명의 대표자들이 모였다. 8월 24일 오후 1시 30분 남한노동공조회관에서 신간회 광주지회 설립대회가 개최되었다. 임시의장인 한순회(韓順會)의 사회로 경과보고를 거쳐 강령과 규약이 낭독되었다. 이어 임원선거에 들어가 지회장에 한순회가 선임되었고, 부회장에 산성마을 출신인 석혜환(石惠煥)이, 간사로는 한백봉(韓百鳳)·한백호(韓百鎬)·이대헌(李大憲)·유인목(兪仁穆)·박기환(朴基煥)·한용회(韓龍會) 등이 선출되었으며, 지회를 경안리에 두기로 하고 4시 30분에 폐회하였다. 참가자들의 면모를 살펴보면, 주로 돌마면 출신의 한순회 등 천도교 구파세력과 산성리 출신의 석혜환 등 젊은 사회주의 성향의 지식인들에 의해 구성되었음을 알 수 있다.

산성리 출신 독립운동가 석혜환

1927년 신간회 광주지회 창립행사

신간회 광주지회는 이듬해인 1928년 12월 20일 오후 3시 제3회 정기총회를 열어 지회장에 석혜환을, 부회장으로 한순회를 선출했다. 이날 회의에서는 문맹퇴치와 소비조합 설립문제, 미신타파와 회원모집의 건, 회비징수의 건 등이 논의되었다. 석혜환 지회장은 나아가 1929년 1월 원산에서 일어난 부두노동자 총파업에 격려문을 발송하였는데, 이 일로 인해 10일간 구류에 처해지기도 하였다. 총무간사인 변중희(卞重熙)도 2월 22일 같은 이유로 구류 10일에 처해졌고, 남한산노동공조회 상무이사인 연제홍(延濟鴻)도 3월 5일 구류 5일 처분을 받았다.

일본군은 1940년 무렵 남한산성 남문 아랫마을인 창곡동(현 위례신도시) 일대를 강제 수용해 기마대 훈련장을 지었다. 위치는 창곡동 산 1번지부터 3번지 일대에 이르는 광산김씨 선산 일대였다. 이 때문에 대대로 선산을 지켜온 광산김씨 문중은 턱없는 땅값 보상을 받은 후 땅을 빼앗겨야 했다. 이로 인해 가장 윗대에 해당하는 조선 초기 평양서윤을 지낸 김순성(金順誠, 1429~1481)공의 묘를 비롯한 선조 5위를 부득이 창곡동 산 108번지 일대(460-2번지)로 옮겨야만 했다.

일본군이 빼앗아 기마대 훈련장으로 쓴 창곡동 산 1번지 일대는 버드나무가 많아 '잔버드리'라 부르던 곳과 창곡동이 맞닿아 있는 곳이었다. 창곡 2통에 해당하는 매착리(梅着里, 또는 梅莊里로 불림), 즉 매화꽃이 떨어지는 형국의 마을이란 뜻의 아름다운 농촌마을이었지만, 일제 군국주의에 의해 군사훈련장으로 변모하고 말았다.

해방은 그렇게 예고 없이 도둑처럼 찾아왔다. 하지만 일제의 전쟁 광기에 의해 징병을 당해 전쟁터에 총알받이로 끌려간 젊은이들이나 징용 또는 위안부 등으로 동원되었다가 돌아오지 못한 이들이 많았다.

(3) 해방과 도약의 남한산성

1945년 8월 15일 히로히토 일왕의 항복 방송을 계기로 오랜 침략전쟁이 끝났다. 해방의 기쁨을 감추지 못한 사람들이 환호하며 목이 터져라 만세를 불렀다. 전쟁의 공포와 수탈로부터의 해방을 기뻐하며 덩실덩실 춤을 추는 사람들과 숨겨둔 꽹과리와 징을 치는 농악대의 모습은 광주군 중부면 남한 산성과 인근 지역 주민들도 예외는 아니었을 것이다.

경기도에서는 11월 10일 인민위원회가 수원과 평택, 고양 등지에서 결성되었다. 이어 43개 우익 청년단체를 망라하여 12월 21일 대한독립촉성전국총연맹이 결성되었으며, 광주 지역에서는 이듬해인 1946년 5월 12일 지부 조직이 결성되었다. 결성대회에서는 16개 면의 대표와 군민 1천여 명이 참석했으며, 광주군 출신으로 대한민국 임시정부 내무부장을 역임한 신익희(申翼熙) 선생의 강연도 있었다. 1947년 7월 13일에는 대한독립청년단 광주 지단이 결성되었다.

1948년 5월 10일 미군정 법령에 따라 한국 정부 수립을 위한 제헌 국회의원 선거가 실시되었다. 각 선거구에서 1인의 국회의원을 선출했는데, 경기도에서는 160명이 입후보하여 29명이 당선되었다. 광주지역에서는 대한독립촉성국민회 소속의 신익희 후보가 단독 출마하여 무투표 당선되었다.

1950년 5월 30일 실시된 제2대 국회의원 선거에서 광주군에서는 민주국민당의 신익희를 비롯해 8명이 입후보했다. 선거결과 신익희 후보가 77.9%의 압도적인 득표율로 당선되었다. 이후 신익희는 1954년 제3대 국회의원 선거에서도 당선되었으며, 민주당 대표 최고위원으로 야당을 이끌었다. 하지만 1956년 민주당 대통령 후보로 호남지방 유세 중 열차를 타고 전라북도 익산 부근을 지나던 중 심장마비로 사망하여 신익희와 민주세력의 꿈은 좌절되었다.

1950년 6월 25일 이른 새벽, '폭풍'이라는 암호명 아래 북한군이 전면 공격을 감행하여 3년간의 동족상잔인 한국전쟁이 일어났다. 6월 26일 오후 1시경 의정부가 북한군에 의해 점령되고 다음날 새벽 이승만 대통령이 대전행 특별 열차를 타고 서울을 탈출함에 따라 개전 3일만에 서울 전역이 적의 수중에 들어가게 되었다.

신익회 동상

개전 초기 광주군 일대로는 판교 부근인 현 낙생초등학교 일대(110고지)에서 육사 생도대대와 북한군의 치열한 전투가 전개되었으며, 금곡리~풍덕천 일대에서 격전을 벌인 바 있다. 하지만 전쟁 발발 9일만인 7월 4일 성남지역은 완전히 북한군의 점령 아래에 놓이게 되었다. 각종 통계에 따르면, 성남지역이 속한 광주군에서는 점령 기간 동안 85명의 납치자와 143명의 피살자가 발생한 것으로 나타났다.

만 3년간 치러진 한국전쟁은 우리 민족 전체에게 참혹한 인적·물적 피해를 남겨 주었다. 광주(성남)지역의 피해상황을 살펴보면, 1951년 9월 1일 현재 광주군의 인명 피해는 사망 4163명(남자 2498명, 여자 1665명), 납치 69명(남자 42명, 여자 27명), 행방불명 327명(남자 191명, 136명), 부상 300명(남자 180명, 120명) 등 총 4897명이었다. 이러한 인명피해 규모는 경기도 내에서

한국전쟁기 남한산성 산성리의 중부경찰서 중부지서 대원들

고양군 다음으로 큰 것이었다. 재산 피해도 심각한 편인데 전소(全燒)된 가옥이 4923호, 반소(半燒) 1142호 등으로 피해액이 90억 환(圜)에 이르렀다.

전쟁 당시 광주(성남) 일대는 정부의 지시에 따라 피난민촌이 형성되었다. 정부는 1951년 6월 '피난민 구로 대책'이란 명목 하에 성남을 비롯한 광주지역 일대에 피난민 집단 수용촌을 만들기 시작했다. 특히 광주지역에는 대표적인 피난민 수용지로 선정되어 북한에서 월남한 피난민 수가 급증하였는데, 1951년 말에 1만 5803세대 8만 3206명이 1953년 말에는 2만 129세대 10만 5733명으로 늘어났다. 북한에서 월남한 피난민을 비롯해 경기북부 사람들과 강원도 이주민들이 특히 많았다고 한다.

1953년 9월 6일 이승만 대통령이 남한산성을 방문했다. 그해 10월 16일 국무회의에서 대통령은 남한산성의 수축(修築)을 지시한다. 이에 경기도지사는 대통령이 방문할 경기도 광주 복정역에서 남한산성에 이르는 지방도로를 긴급히 보수하였고, 그 도로명을 이승만 대통령의 호를 따서 '우남로(雩南

路)'로 명명하였다. 이어 1955년 6월 15일 이승만 대통령 81세 생일(1875년 생)을 기념하여 남한산성 수어장대 근처 공터에 '이승만 대통령께서 친히 찾아주신' 일에 감사하는 송수탑(頌壽塔)을 세웠다. 송수탑은 81세 생신 축원 의미로 80척을, 여기에 진일보한다는 뜻으로 1척을 더해 81척 동상을 세웠다. 이 거대한 동상은 4.19 혁명 직후인 1960년 8월 19일 중장비의 힘을 빌려 철거되었다.

1955년 남한산성 산성리에 수어장대 아래에 설치된 이승만 대통령 송수탑

이승만 대통령의 동상은 이외에도 1956년 3월 31일 서울 종로 탑골공원, 같은 해 8월 15일에는 남산 조선 신궁 터에 세워진다. 81척(동상만 7m, 기단까지 25m) 높이의 남산 동상은 당시 돈으로 2억 600만 환(쌀 2만 600여 섬 가격)이 들었다고 한다.

2) 군사정권 하에 태어난 성남시, 그리고 위례신도시

남한산성 육군교도소는 일반인들에게는 형무소 시절의 별칭인 '남한산성 교도소'로 더 잘 알려진 곳이다. 워낙 군인들에게 공포의 대상이 되는 육군 교도소는 악명이 높았던 탓에 경기도 장호원으로 이사간 지 몇 해가 지났는데도 이곳은 여전히 '남한산성'으로 통한다고 한다.

한국현대사에서 큰 족적을 남긴 역사인물 중 이곳을 거쳐 간 유명인들이 적지 않다. 경제학자로서 대학과 육군사관학교에서 경제학을 가르쳤던 신영복(申榮福) 교수가 1968년 통일혁명당 사건에 연루되어 수감된 곳도 남한산성 육군교도소이다. 그는 남산 수도방위사령부에서 사형선고를 받은 1969년 1월 남한산성 육군교도소에 수감되었다. 이후 수감생활을 하며 느낀 소회를 담은 『감옥으로부터의 사색』을 출간해 스터디셀러 작가로 등극했다. 그는 남한산성 육군교도소에서 수감하면서 <고성(古城) 밑에서 띄우는 글>을 썼다.

특히 이곳은 1979년 10월 26일 박정희 대통령을 암살한 김재규 중앙정보부 부장과 수행비서 박흥주 대령, 육군참모총장 정승화 등 사건 관련자들이 수감된 곳으로도 널리 알려졌다. 군인 신분이었던 박흥주 대령은 이곳에서 사형이 집행되었다.

이 외에도 김대중 전 대통령과 문익환 목사, 예춘호 전 국회의원 등 민간인 신분의 정치인 17명도 이 악명 높은 남한산성 육군교도소에 수감된 바있다. 1980년 5월 17일 비상계엄을 발령해 전국으로 확대시킨 계엄사령부는 김대중·문익환 등 야당 정치인과 재야인사들을 소요조종 혐의로 연행하였다. 계엄사령부 합동수사본부는 7월 12일 김대중 등 37명을 육군본부 계엄보통군법회의 검찰부로 송치했다. 이중 김대중 민주당 의원을 격리시키기 위해 남한산성 육군교도소에 수감하였다.

육군본부 계엄보통군법회의 검찰부는 이른바 '김대중 일당 내란음모사건'의 수사결과를 발표하고 기소한 다음 사형을 선고했다. 김대중과 '그 일당'은 군검찰부의 조사가 모두 끝나고 재판에 회부될 때까지 변호사를 선임할 수 없었고, 가족과의 면회도 차단되었다. 그는 남한산성 육군교도소에 갇혀 있는 동안 몸이 많이 상했을 뿐만 아니라 가족면회와 변호인 선임도 받지 못하자, 단식투쟁을 벌였다.

시인 고은(高恩, 1933년생)도 1980년 여름 남한산성의 육군교도소 제7호 특별 감방에 수감되었다. 서슬 퍼런 5공 시절 비상계엄 아래 체포된 고은 시인 이 곳에서 연작시집 《만인보》를 구상했다고 한다. 손바닥만한 창 하나 없이 사방이 벽으로 막힌 감옥에서 시인은 옛일을 회고하는 것으로 정신적 탈출구를 삼았다고 한다.

육군종합행정학교는 행정 및 특수병과 장병들의 교육을 원활하기 위한 군 교육기관이다. 1968년 10월 15일에 서울특별시 용산구 삼각지에서 창설되었으며, 같은 해 11월 10일에 경기도 성남시로 이동하였다. 남성대(南城臺)라고도 불렀는데, 이 이름은 1969년 11월 11일 학교 건물 준공식 때 당시 박정희 대통령이 남한산성의 첫 글자와 끝 글자를 따 아름을 지었다고 한다.

행정학교와 함께 설치된 육군학생군사학교는 1961년 6월 1일 서울대를 비롯한 16개 대학에 학도군사훈련단(ROTC: Reserve Officer's Training Corps)이 창설되어 제도가 운영되었다. 대학별로 대학성적과 체력·면접·신원조회 등 엄격한 심사과정을 거쳐 3175명을 후보생으로 선발했다. 이들은 그해 6월 1일 각 대학 학군단 창단과 함께 대한민국의 첫 ROTC 후보생이 됐다.

후보생들은 대학 3~4학년 2년 동안 총 702시간의 교육·훈련을 받았다. 학교에서 받는 교육은 350시간, 여름방학 때 4주간에 걸친 입영 훈련이 352시간이었다. 그해 10월 1일 국군의 날 행사 때 서울지역 ROTC 1기 후보생 1500명이 행진에 참여해 ROTC의 존재를 알렸다. 이어 1971년 학생군사교육단으로 명칭이 바뀌면서 성남시 창곡동으로 이전하여 문무대(文武

臺)란 이름으로 자리를 잡았다.

문무대라는 명칭은 '학생병영훈련소'의 창설 당시 박정희 대통령이 직접 이름과 휘호를 내렸으며, 문과 무를 겸비한 학군무관후보생 양성 및 일반대학생 군사교육훈련 장소라는 의미를 지니고 있다. 이를 기념하기 위해 1976년 11월 문무대탑이 건설되었다. 창곡동 일대에는 커다란 연병장과 수천명을 수용할 수 있는 숙소와 식당이 건설되었고, 일대 야산에는 각개전투장, 사격훈련장(PRI 교장), 수류탄 투척장, 화생방 훈련장, 유격 훈련장, 야간사격장, 공수훈련(막타워)장 등이 만들어졌다. 1985년 11월 1일 육군본부 직할로 학생중앙군사학교로 창설되었다. 4학년 후보생들은 40km 산악행군을 이곳에서 실시했다.

이와 함께 정부는 전국 4년제 종합대학의 교과목에 교련수업을 정규과목으로 채택하였다. 이에 따라 4년제 종합대학에 입학한 지 얼마 안되는 전국의 대학 1학년 남자 학생들은 예외 없이 성남시 창곡동에 위치한 육군종합행정학교에 입소해 병영체험 훈련을 받아야 했다. 이후 대학생들이 교련 교육의 일환으로 이곳 문무대에서 9박10일(1981년부터 5박6일로 축소) 동안 훈련을 받아야 했다. 문무대에 입소해 기초 군사훈련과 병영집체훈련을 받은 남학생들에게는 45일간의 군 복무감축의 특혜가 주어졌다. 대학생 교련은 1987년 6월 민주화항쟁을 겪은 이후 1989년부터 폐지되었다.

성남시는 1969년 7월 20일 서울의 도시빈민들이 처음 강제 철거되어 광주대단지로 이주하면서 본격 시작했다. 당시 거주 환경은 천막 277개와 판잣집 215동에 가수용되었고, 위생시설은 공동우물 12개, 공동변소 12개뿐이었다. 이처럼 최악의 주거환경에다가 여름 장마철까지 겹쳐 사태는 걷잡을 수 없이 커져갔다.

서울시는 광주대단지 사건에 대해 주택관리관과 광주대단지 사업소장을 인사조치하고 주민들의 생활여건을 개선하기 위한 대책을 수립하였다. 이에 따라 빈민층에게 구호양곡으로 밀가루 500포대가 급송되고 취로사업 실시를 비롯해 교통대책, 상수도 및 전화 가설, 시장 개설, 학교건립 등도 추진되었다.

곧 성남지역의 인구는 14만여 명으로 급격히 증가하여 행정지원이 불가피해졌다. 이에 따라 경기도 조례 제470호로 기존 광주군 성남출장소 관내 6개 리와 대왕면, 낙생면, 돌마면 전 지역을 관할지역으로 성남출장소가 설치되었고 1990년까지 20년간의 도시정비 기본계획이 세워졌다. 이어 1973년 3월 법률 제2597호 「시 설치와 군의 폐지 분합에 관한 법률」의 제정 공포로 마침내 1973년 7월 1일 성남시로 승격되었다. 이후부터는 외지인들이 대거 전입하면서 상가 건물 신축 등의 건축 붐이 일어나 일자리가 크게 늘어났으며, 상가도 활기를 찾았다.

1971년 3월에 제1공업단지가 준공된 데 이어 1976년 중원구 상대원에 제2공단, 제3공단이 연이어 세워졌다. 공업단지가 생기면서 젊은 일꾼들이 몰려들어 삶의 활력이 넘치기 시작했고, 고단한 노동 생활을 위로해 줄 각종 중국집과 술집과 포장마차, 시장 등이 호황을 누렸다.

한편, 1976년 5월 4일 성남시를 방문한 박정희 전 대통령이 판교지역 남단 녹지를 인구억제 정책 및 난개발 방지를 명분으로 '개발제한구역(그린벨트)'을 지정했다. 이에 따라 토지이용행위가 제한되어 사유재산권을 행사하지 못하는 상황에 처하게 되었다.

2005년 12월 28일 정부는 「8·31 부동산종합대책」의 일환으로 국방부·환경부 등 주요 부처와의 사전협의를 거쳐 위례지구 205만평 개발을 확정했다고 발표했다. 이 위례지역은 송파구 78만평과 하남시 43만평을 비롯해 성남시에서는 창곡동과 복정동 일원의 84만평에 해당하는 지역이다. 이 개발계획에 따라 당시 주둔중인 군부대의 이전이 추진되었다.

2008년 2월 15일 국토해양부는 그린벨트 해제와 개발계획을 승인한다고 발표하면서 위례신도시가 탄생하였다. 서울특별시 송파구 장지동, 거여동 및 경기도 성남시 수정구 창곡동, 하남시 학암동에 개발되고 있는 신도시이다. "위례라는 말의 어원은 '우리'라는 뜻으로 울타리, 한강 옆에 쌓은 성 등의 뜻이 내포되어 있어 택지개발지구와 의미가 상통하며, 3개 지자체간 어우러진 화합의 장의 의미도 갖는다. 한강유역을 장악한 신라가 최초의 계획도시 한산주를 개발한 1천년 이래 공영개발 방식이 전면 도입된 신도시가 남한산성 남문 아랫마을에 자리잡게 된 것은 역사의 필연이 아닐 수 없다.

법수봉에서 바라본 위례 신도시(2022년)

<집필자 : 김명섭>

10. 남한산성의 세계유산 등재

　삼국시대 이후로 한강 유역은 한반도에서 가장 중요하게 여긴 곳 중의 하나이다. 그래서 신라는 당과 운명을 건 나당전쟁 중의 긴박한 상황에서도 국력을 쏟아가며 주장성을 쌓은 것이다. 築 漢山州 晝長城 周 四千三百六十步(축 한산주 주장성 주 사천삼백육십보). <삼국사기 신라본기 문무왕 12년> 그만큼 한강 유역은 중요했고 남한산성의 역할이 막중했다. 그런 중요성은 고려시대 몽고의 침략을 막아내고, 조선시대에는 임진왜란 중에 의병 활동으로 나라의 어려움을 극복하며 국가와 함께한 보장처였다.

　임진왜란 이후 국가의 어려운 재정 상황에도 불구하고 인조는 남한산성을 개축하여 다가오는 전쟁에 대비하였고 실제로 병자호란 당시에는 여러

가지 불리한 상황에도 47일간 청의 군대와 항전하였다.

정조 때는 산성에 여장을 쌓아 적의 침입을 총과 활로 막을 수 있도록 조치를 하였다. 또 청의 홍이포에 무방비하게 당한 후에 이를 막기 위해 성의 외성에 옹성을 쌓아 포대를 마련하는 등 대비하였다. 이렇듯 남한산성은 수도의 남쪽을 지키는 중요한 방비로 시

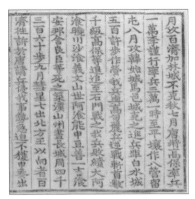

<『삼국사기』 신라본기 문무왕 12년>

대 상황에 맞게 성을 개축하여 대비하였다. 이렇게 오랜 세월 한반도의 중심을 지키며 우리의 역사와 함께한 남한산성은 2014년 6월 카타르의 도하에서 열린 제 38차 세계유산위원회에서 남한산성을 세계유산으로 등재를 확정했다. 이로써 남한산성은 우리나라의 11번째 유네스코 세계유산으로 지정되었다. 이것은 남한산성을 사랑하고 지키려는 마음으로 남한산성을 꾸준히 연구하고 가치를 재조명하여 알리려 노력한 여러 사람들의 노고 덕분이라 생각한다.

세계유산 등재 과정을 살펴보면

세계유산으로 등재되기 위해서는 먼저 세계유산 잠정목록에 등재되어야 한다.

1) 해당 시·도 및 관련 민간단체는 문화재청장에게 잠정목록에 등재하기 위한 신청을 한다.
2) 신청 내용을 문화재위원회의 심의·선정 후 문화재청장이 확정한다.
3) 세계유산 소재 지자체가 등재 신청서를 작성하여 제출하면 문화재청에서 내용을 검토하고 수정하여 확정한다.

4) 문화재청장은 잠정목록 등재신청서를 유네스코에 제출한다.
5) 유네스코 세계유산위원회(World Heritage Committee)에서 심사하여 유네스코 세계문화유산회의에서 공식 등재 발표한다.

유네스코 세계유산이란 1972년 유네스코(UNESCO, 국제연합교육과학문화기구) 세계 문화 및 자연유산의 보호에 관한 협약(Convention Concerning the Protection of the World Cultural and Natural Heritage)에 의거하여 세계유산목록에 등재된 유산을 지칭하며

세계유산은 문화유산과 자연유산 그리고 한 곳에서 두 가지를 다 갖고 있는 복합유산이 있다.

세계유산은 '탁월한 보편적 가치'(OUV: Outstanding Universal Value)를 갖고 있는 부동산 유산을 대상으로 하며 유네스코 세계유산 등재기준은 기본 원칙 OUV 10가지 중 일부와 진정성, 완전성을 갖추고 있어야 한다. 세계유산은 유산의 탁월한 가치를 평가하기 위한 기준으로 다음 10가지 가치평가 기준을 제시하고 있다. 기준 Ⅰ부터 Ⅵ까지는 문화유산의 평가기준에 해당되며, Ⅶ부터 Ⅹ까지는 자연유산의 평가기준에 해당된다. 그 중에서 남한산성은 문화유산으로 Ⅱ, Ⅳ에 해당한다.

등재 기준

Ⅱ) 오랜 시간 동안 또는 세계의 일정 문화지역 내에서 일어난 건축, 기술, 기념비적 예술, 도시 계획 또는 조경 디자인의 발전에 있어 인간 가치의 중요한 교류를 보여주어야 한다.

Ⅳ) 인류 역사의 중요한 단계를 예증하는 건조물의 유형, 건축적 또는 기술적 총체, 경관의 탁월한 사례여야 한다.

남한산성의 탁월한 보편적 가치는 등재 기준 Ⅱ)와 Ⅳ)를 적용하면

II) 남한산성이 세계유산으로의 가치는 조선시대 자주·독립의 수호를 위해 유사시 종묘와 사직을 대신할 수 있는 행궁을 갖춘 초대형 성곽도시로서 임시수도로 계획적으로 축조된 유일한 광주읍치가 있었던 군사행정 도시였다.

IV) 16세기에서 18세기에 이르는 기간 동안 임진왜란(1592~1598)과 정묘호란(1627)·병자호란(1637) 등 국제 전쟁을 치르면서 동아시아 한국·중국·일본 간에 산성 건축술과 무기 발달의 상호 교류를 잘 나타내고 있다. 특히, 험한 지형을 활용한 성곽과 방어시설을 구축함으로써 7세기부터 19세기에 이르는 축성술의 시대별 발달과정이 고스란히 남아있어 그 가치가 매우 크다고 한다.

남한산성은 이제 한국의 유산을 넘어서 세계인이 함께 지키고 가꾸는 세계유산이 되었다.

삼년산성(충북 보은읍)

성가퀴

남한산성은 오랜 기간에 걸쳐 만들어진 산성으로 당시 전쟁상의 변화를 반영한 다양한 방어술을 집대성해 축성한 살아있는 유산이란 평가를 받았다. 현재의 남한산성은 산의 지형지물을 이용하여 약 12km를 쌓아 만들었다. 그러나 7세기 신라 문무왕 때 축조한 성은 둘레가 약 7km이었으며, 인조 때 개축한 모습은 현재의 모습과 조금 다르다고 볼 수 있으며 현재 우리가 볼 수 있는 성의 완성형은 인조 이후 숙종, 영조, 정조 등 여러 왕을 거쳐 오늘의 모습에 이르렀다. 특히 정조는 새로운 무기의 등장에 대비하여 여장을 쌓아 방비를 튼튼히 하였다.

이렇게 새로운 무기 등장에 대응하기 위해 다양한 방어 기술을 집대성하여 늘 새로운 방식으로 성을 축조했다는 점이 높은 평가를 받았다. 즉 시대 변화에 따른 축성술을 그대로 보여주었으며 무기 발달에 따라 남한산성도 대응 방식을 변화하여 다르게 축성하였다는 것은 세계의 일정 문화권 내에서 무기의 기술 발전과 교류에 중요한 증표가 될 것이다. 세계유산위원회는 앞으로 늘어나는 관광객과 도시개발을 적절히 통제해 남한산성을 잘 보존해줄 것과 동문을 지나는 지방도 342번으로 인해 단절된 성곽을 연결할 것을 과제로 제시하였다.

United Nations
Educational, Scientific and
Cultural Organization

세계유산은

1972년 유네스코(UNESCO, 국제연합교육과학문화기구) 세계문화 및 자연유산의 보호에 관한 협약(Convention Concerning the Protection of the World Cultural and Natural Heritage)에 의거하여 세계유산 목록에 등재된 유산을 지칭합니다. 인류의 보편적이고 뛰어난 가치를 지닌 각국의 부동산 유산이 등재되는 세계유산의 종류에는 문화유산, 자연유산 그리고 문화와 자연의 가치를 함께 담고 있는 복합유산이 있습니다.

<집필자 : 김이동>

동문 설경(강희갑 사진작가 제공)

봉암산 설경 (최규근 제공)

군포터 (최규근 제공)

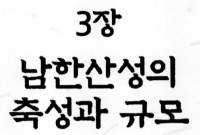

3장
남한산성의
축성과 규모

1. 남한산성의 축성

국어사전에서의 성(城)의 정의는 "[명사] 예전에, 적을 막기 위하여 흙이나 돌 따위로 높이 쌓아 만든 담. 또는 그런 담으로 둘러싼 구역"이라 한다. 또한 간단히 사용한 재료에 따라서 목책(木柵), 토성(土城), 석성(石城) 이라고도 하고, 위치와 용도에 따라서 읍성(邑城), 산성(山城)등 다양하게 불린다.

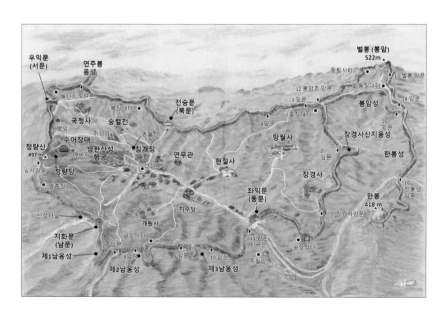

남한산성(南漢山城)도 남한산에 세운 석성이며, 남한산성 주변에 사는 사람들은 산성이라고 간략히 부르기도 한다.

남한산성은 한반도 중심에서 경제, 문화, 교통, 군사적으로 중요한 위치를 점하여 왔다. 남한산성을 크게 나누면 원성, 외성과 옹성으로 구분할 수 있으며, 각각의 이름과 위치는 위 그림과 같고, 축성 연대와 시설을 살펴보면서 남한산성 전체에 대한 개략적인 이해를 돕고자 한다.

(1) 온조대왕의 옛 성터설

1799년(정조 3) 정조대왕이 행궁에 나아가 신하에게 물었다.

"온조왕의 옛 성터가 아직도 있는가?"

서명응이 말하길 "높은 봉우리와 가파른 고개 위에 아직도 돌로 쌓은 자취가 있습니다." 당시에도 조선시대에 수축한 성벽과는 다른 성벽의 흔적이 있었음을 추론할 수 있다.

홍경모 『중정남한지(重訂南漢誌)』에서는 한산-당시 일장산(日長山), 지금 청량산 일대- 아래에 나아가 성곽과 궁궐을 세우고 위례성 민호(民戶)를 옮겼다 하고 있다.

한성백제 500년 시절 풍납토성과 몽촌토성을 쌓고 궁궐을 지어서 평상시 토성에서 살았지만, 남한산성 남단사지에서 하늘에 제를 드렸다는 전설들로 미루어 볼 때 나라의 행사나(제사 등) 유사시에는 책(柵)을 세워 자연적 방어시설을 충분히 활용하였을 수 있다.

(2) 주장성(晝長城)

삼국사기(三國史記) 에 의하면 신라 672년 (문무왕 12)에 당의 침공을 대비하여 초축(初築)하여 주장성(晝長城)이라 하였고 둘레는 4,360보라 하였다. 나당연합군은 백제와 고구려를 차례로 무너뜨리고 삼국을 통일 하였지만, 이후 당의 노골적인 점령야욕에 반하여 나당전쟁이 일어나고, 한강, 임진강 일대의 전투를 지원하기 위하여 신라는 주장성(日長城 이라고도 함)을 1년에 걸쳐서 석성으로 쌓았다

주장성은 고려시대인 1231~1232년 몽고의 1·2차 침입을 광주부사 이세화(李世華) 지휘 아래 군인이 단결하여 격퇴하였다. 2차 침입시 몽고군 살리타이는 남한산성 공략을 포기하고 용인 처인성 전투에서 사살되었다. 조선시대 초기부터 여러차례 증개축 논의만 있었고 임진왜란때도 남한산성에 들어가 항전했다는 기록이 있다.

병자호란시 만주족으로부터 받는 치욕에 대한 민족적 각성은 반청의식으로 타나났으며, 정축화약(丁丑和約)의 군비증강 조항을 무시한 채 호란으로 파손된 남한산성을 재수축하자는 논의가 대두되어, 여러 차례 걸쳐서 본성에는 옹성 설치, 포대 설치 등이 이루어졌고, 특히 청군들이 점령하였던 봉암과 한봉에는 각각 봉암성과 한봉성을 쌓았다.

(3) 인조2년(1624년) 수축, 본성 수축

임진왜란과 정묘호란 이후 여러 차례 논의 끝에 1624~1626년 (인조 2~4) 2년반에 걸쳐서 본성을 수축했다. 길이 8,123m 여장이 1,700첩, 대문이 4개, 암문이 8개, 성안에 사찰이 7개와 관청, 창고 등을 갖추었다. 당시의 축

성기법으로 여장. 암문 등을 도입하였으나 활과 칼을 주무기로 하는 전근대적인 전쟁개념의 축성이었다.

(4) 병자호란 이후 증개축

병자호란 이후 인조에서 정조대까지 수 차례 증개축이 되었으며, 청군이 점령하고 남한산성을 내려다보는 봉암과 한봉에는 각각 봉암성과 한봉성을 쌓았다. 또한 이 때부터 지금의 모습으로 증개축 되며, 조총과 화포를 전쟁의 주무기로 하는 전술의 변화가 있었다.

시기	연대	내용
인조 16년	1638	병자호란 당시 청은 원성 밖의 봉암과 한봉, 검단산을 장악하고 성내를 들여다보며 홍이포로 공격하여 행궁의 안뜰까지 포탄이 날아오는 지경이 되었다. 이후 전쟁은 조총과 화포를 주로하고 활과 창검을 보조무기로 하는 전술형태의 변화가 있었다. 무너진 성벽의 보수 및 원성의 증개축과 함께 남옹성 3개가 신축되고 연주봉옹성을 포함한 4개의 옹성에 포루가 설치되었을 것이다.
숙종 12년	1686	봉암성을 50일 동안 둘레 962보, 여첩 294타, 암문 4곳, 군포 15곳 신축, 동림사(東林寺) 사찰 건립
숙종 19년	1693	한봉성을 길이 851보, 여첩 227개, 암문 1곳 신축
숙종 31년	1705	봉암성에 2개의 포루 설치
숙종 45년	1719	남격대(신남성) 검단산 정상부에 둘레 743보, 여첩 238첩 포루 1개 설치
영조 29년	1753	신남성에 2개의 돈대 축조, 현재는 2개의 돈대만 남아있음
정조 3년	1779	대대적 수축작업, 기와로 쌓았던 여장을 벽돌로 개축하고, 4대문을 수축하여 동문은 左翼門, 서문은 右翼門, 남문은 至和門, 북문은 全勝門이라 함

2. 규모

(1) 남한산성의 규모

명 칭	길이(m)	면적(㎡)	비 고
원성	7,545*	2,126,637	인조 2년(1624) 수축
제1남옹성	426	2,381	인조 16년(1638), 정조 3년(1779)증개축
제2남옹성	318	3,583	인조 16년(1638)추정
제3남옹성	125	839	인조 16년(1638)추정
장경사 신지옹성	159	1,447	숙종 12년(1686)추정 봉암성 신축시
연주봉옹성	315	865	인조 2년(1624) 원성 수축시 축성
소계	8,888	2,135,752	
봉암성	2,120	7,137	숙종 12년(1686)신축, 숙종 31년(1705) 2 포루 증축
한봉성	1,093	**	숙종 19년(1693)신축
소계	3,213	7,137	
신남성 동돈대	134	998	숙종 45년(1719) 신남성 신축
신남성 서돈대	121	2,379	영조 29년(1753)신남성에 두 개 돈대 구축
합계	12,356	2,145,268	

* 7,545m 옥개중심선 기준으로 측량한 수평거리

** 한봉성은 일직선으로 연결된 성으로, 성으로 구획 내부면적을 가지지 않는다.

(2) 원성(元城)

산성중에서 봉암성, 한봉성, 신남성 등 외성을 제외한 성 중심을 원성(元城)이라고 한다. 남문과 북장대를 기준으로 동남성과 서북성으로 구분하고, 동남성은 이회장군이, 서북성은 벽암대사 중심의 승병이 쌓았다.

원성은 해발 497m인 청량산을 정점으로 남북으로 뻗은 줄기를 따라 자연지형을 이용하여 주로 산능선을 따라가며 축조 되었다.

성벽의 축성방법은 정방형으로 다듬은 성돌을 사용하여 바른층 쌓기로 정연하게 쌓았다. 맨 하층의 생토와 접하는 지대석은 너비 70~100Cm, 두께 30~40 Cm의 장대석위에 너비 30~40Cm 두께 20Cm정도의 성돌을 사용하였다 총 20여단 중에 7단 정도는 퇴물림쌓기를 하고 8단 부터는 수직에 가깝게 쌓아서 옆면에서 보면 자연스런 곡선의 조형미가 아름답다.

제7암문 근처의 남벽

제4암문 근처의 북벽

최초 원성을 쌓으면서는 기록에 의하면 8개의 암문을 설치하였으나 현재 원성에는 11개의 암문이 있는 것으로 볼 때, 숙종 때 옹성과 봉암성 수축시에 출입을 위해 3개의 암문을 추가했을 것으로 추정 된다.

제2남옹성치와 남벽의 퇴물림쌓기 모습

(3) 봉암성(蜂巖城)

봉암성벽과 훼손된 여장

봉암과 자연석을 이용하여 만든 성곽

봉암성은 원성의 동장대에서 북동쪽 능선을 따라 벌봉 일대를 포함하여 쌓은 외성이다. 벌봉은 해발 522.1m로 수어장대(497m)보다 높아 병자호란 때에 청군이 점령하고 성 내부를 내려다보면서 화포공격을 할 수 있었다.

1686년(숙종 12) 부윤 윤지선이 40여일 만에 쌓았다. 성의 길이는 2.120m 이고, 암문이 4개 포루가 2개소이다. 본성에 이어서 새로 쌓은 성이므로 신성, 외성 또는 동쪽의 성이므로 동성, 벌봉에 쌓았으므로 벌봉신성, 봉암성이라고도 하였다. 외성들의 성벽은 비교적 잘 남아 있으나 여장은 대부분 훼손되어서 신속한 복원사업이 절실하다.

주출입구에 해당하는 제12암문, 제13암문은 북동쪽으로 나가는 주요 교통로, 제 15암문은 한봉성으로 나가는 유일한 출입구이다. 봉암성 내에는 15개의 군포지와 외동장대터가 있다.

(4) 한봉성(漢峰城)

한봉성은 봉암성의 동남쪽에서 한봉(418m)의 정상부까지 구축된 외성이다. 다른 성과 다르게 폐곡선 즉 둥그렇게 이어지지 않고, 일직선으로 연결된 형태로 성으로 구분되는 별도의 공간이 없다. 이는 계곡을 가로질러 동문까지 성을 연결하기에는 공력이 너무 많이 들고, 계곡이 깊어 방어력이 떨어질 것이라는 판단으로 추측된다. 길이가 1,093m이며, 제16암문은 장경사 제1암문을 나와서 큰골을 경유하여 퇴촌 방면으로 가는 지름길에 설치된 일종의 통행문이다.

한봉성은 1693년 (숙종 19)에 신축 후 조선을 감시하던 청인이 1705년(숙종 31)에 헐어버리자, 1739년 (영조 15)에 수어사 조현명이 개축하였다.

한봉성 성벽

한봉성 성벽 끝부분

한봉성 성벽 제16암문 부근

(5) 신남성(新南城)

본성 제7암문에서 남쪽 1.5km의 검단산(536.4m)은 원성과 마주하고 있어서 대봉(對峰)이라고도 하며, 남격대라고도 하는데, 원성의 남벽 대부분과 수어장대가 한 눈에 조망되며, 성남 일대와 검복리 일대도 잘 바라다 보이는 곳으로, 병자호란시에 청병은 이곳을 장악하고 호준포와 홍이포를 쏘아 포탄이 행궁의 기둥을 맞추기도 했다고 한다. 원성의 내부는 동서로 길쭉하여 한성에서 대포를 쏘면 동벽의 일부를 훼손하는 정도이었으나, 검단산은 남쪽 성벽보다 지세가 높고, 직선거리가 남쪽 성벽까지 1.5km, 행궁까지 2.4km이므로 행궁터가 보이지 않아도 산성의 중심부를 직접 공격할 수 있었다.

신남성에는 두 개의 돈대가 있는데, 돈대는 성을 쌓을 여건이 되지 않는 전략적 요충지에 적의 침입이나 척후활동을 사전에 방어하고 관찰할 목적

신남성 동돈대 성벽	신남성 서돈대 입구

으로 쌓는 소규모의 방어 시설을 말한다.

동돈대에는 1996년 한국통신의 송신탑이 설치되었다. 당시 돈대의 내부는 원형이 심하게 훼손되었으나, 돈대로 진입하는 출입구와 돈대의 외곽성벽은 비교적 잘 남아있다.

(6) 옹성(甕城)

옹성은 성문을 보호하기 위하여 성문 박으로 또 한 겹의 성벽을 둘러쌓은 성벽으로, 성문으로 접근하는 적을 3면에서 공격할 수 있는 시설물이다.

남한산성에는 모두 5개의 옹성이 있는데, 이는 성문을 보호하기 위한 목적이 아니므로 엄밀히 옹성이라기보다는 치(雉) 또는 용도(甬道)라 할 수 있으나, 조선왕조실록에서도 옹성이라고 말하고 있음을 볼 때, 옹성의 개념은

전주 풍남문(호남제일성)과 옹성	수원 팔달문과 옹성

성문 뿐 아니라 성벽의 보호를 위하여 돌출시켜 쌓은 시설을 말하고 있음을 알 수 있다.

옹성은 성벽 바깥으로 방어에 취약한 길게 뻗은 능선에 본성과 직접 연결하지 않고, 본성의 하단 기저부를 옹성의 상단부로 하여 축조하였으며, 암문으로 연결되었고, 끝부분에는 포루를 설치하였다. 연주봉옹성 외에는 모두 병자호란 이후 총포전에 대비하여 축조하였다.

1) 제1남옹성

둘레 426m, 면적 2,381㎡, 두번째로 규모가 크다. 여장 109첩, 8개의 포루가 신남성 돈대를 향하고 있고, 각 포대에는 이방(耳方)이 설치되어 있어서 이곳에 포탄과 화약을 저장해 두었을 것으로 사료된다. 제1남옹성과 제2남옹성의 각 포대는 신남성을 쉽게 포격할 수 있도록 설치되어있는 것을 볼 때에 병자호란 때에 신남성(당시는 성이 없었음) 고지에서 산성내의 행궁을 비롯한 여러 곳을 내려다보면서 포격한 아픔이 어느 정도 있었는지 짐작이 간다. 말단부에 고대(高臺)가 구축되어 있어 장대처럼 포루를 보호하고 전투를 지휘하던 곳으로 판단된다.

제1남옹성 전경

제1남옹성 포루

2) 제2남옹성

5개 옹성 중 제일 규모가 크다. 둘레 318m, 면적 3,583㎡ 여장이 87첩이었다. 옹성 끝부분에 길이 24m, 너비 21m 정도의 석축을 쌓고 홍예문을 설치하였다. 그 내부에는 9개의 포루가 있어 포루를 보호하기 위한 것이었고, 각 포루에는 이방(耳房)이 없는 것으로 보아 화약을 보관하는 별도의 저장 시설을 두었던 것으로 추정된다. 여첩은 복원이 이루어지지 않아서 아쉽다

| 제2남옹성 전경 | 제2남옹성 내부와 포루 |

3) 제3남옹성

제2남옹성에서 동쪽으로 350m 지점에 있다. 둘레 125m, 면적 839㎡으로 5개 옹성중에서 제일 작다. 원성에서는 잘 보이지 않으므로 성밖에서 확인해야한다. 5개의 포루가 있다.

| 제3남옹성 전경 | 제3남옹성 발굴조사 모습 |

4) 장경사신지옹성

동벽의 중간부분 해발 489m 지점에 있다. 둘레 159m, 면적 1,447㎡으로 5개 옹성중에서 세 번째 규모이다. 장경사에서 수어(守禦)를 담당하는 옹성으로 조형적이 아름다움도 갖추고 있다. 원성의 동벽은 성벽의 안쪽은 완만하나 바깥쪽은 경사가 심하여 방어적으로 어려움이 없으나, 병자호란 당시 별봉에서 성의 내부를 바라보면서 한봉에서 대포를 쏘아 동벽의 여장 대부분이 훼손될 정도로 험하게 당하였다. 인조 16년에 동벽에는 한봉성 정상부를 겨누는 포루가 설치되고, 또 이 옹성을 쌓았다. 옹성으로 출입하는 제2암문도 이때 설치 된 것으로 추정된다.

장경사신지옹성의 가을   장경사신지옹성의 겨울

5) 연주봉옹성

원성에서 연주봉(466.4m) 정상까지 좁고 길게 쌓아 연결한 성벽이다. 길이 315m, 면적 865㎡으로 제 5암문을 통하여 성 내부와 연결되어 있다. 5개 옹성중에서 원성을 쌓을 때 함께 축조하였기에 다른 옹성들의 모델이 되었다. 옹성의 끝부분에는 처음부터 포루를 설치하였다. 연주봉에서는 아차산 북쪽과 남양주 일대의 한강수계가 한 눈에 조망되고, 이성산성과 하남시 춘궁동 일대가 잘 보인다.

연주봉옹성, 포대	연주봉옹성에서 본 북벽

(7) 장대(將臺)

장대는 성내의 지형 중 가장 높고 지휘와 관측이 용이한 곳에 설치한 장수의 지휘처소를 말한다. 장대는 전투시에는 지휘소인 반면에 평상시에는 성의 관리와 행정기능도 수행하였다.

남장대 터	북장대 터

동장대 터	외장대 터

남한산성에는 동. 서. 남. 북 각 방면에 1개씩 4개와 외동장대를 설치하여 5개의 장대가 있었다. 초기에는 동.서.남.북장대에 단층누각이 설치되었으나, 외동장대의 누각은 옛 지도들에 표기가 없다. 18세기 중엽『해동지도』에는 장대 위치만 표기되고 누각은 없는 것으로 보면 모두 붕괴되었을 것이고, 1751년(영조27) 부윤 이기진이 서장대에 무망루(無望樓)를 건립하고, 1788년(정조 12)에 부윤 이태영이 남장대에 타운루를 건립하였다. 모두 이층누각이었다. 현재는 서장대만 남아있고 나머지는 장대의 터만 남아있어 하루 속히 복원이 되어야 할 것이다. 또한 숙종 때 축성한 봉암성 내에도 장대를 설치하고 외동장대라 하였으나, 현재는 그 터만 남아있다.

서장대- 수어장대(守禦將臺)의 위용

1) 수어장대의 유래

남한산성의 서쪽 주봉(主峯)인 청량산 정상에 세워진 장대(將臺)의 건물로 군사 지휘 및 관측을 위해 1624년(인조2) 남한산성 축성 때 서쪽에 세워졌기 때문에 처음에 서장대(西將臺)라 하였다. 그러나 이 서장대는『중정남한지』

에 따르면 1751년(영조27) 유수 이기진(李箕鎭)이 서장대 위에 2층 누각을 세우고 안의 편액은 무망루(無忘樓), 밖의 편액은 수어장대(守禦將臺)로 개칭하였던 데서 그 유래를 찾을 수 있다. 남한산성의 수어는 초기에는 총융청(摠戎廳)이 맡았으나 축성후 수어청(守禦廳)을 설치하여 산성 방어와 관리를 맡았다. '守禦'라는 말은 여기에서 따온 것이다.

한편 무망(無忘)의 어원은 이기진의 「무망루기(無忘樓記)」에 의하면 "거(莒)에 있을 때를 잊지 않는다"는 뜻으로 중국 제나라의 포숙(鮑叔)이 환공(桓公)에게 경계한 데서 비롯되었다.

당시 제(濟)나라에서는 양공의 사촌 공손무지(公孫無知)에 의해 양공(襄公) 시해사건이 발생하자 양공의 두 아들 소백(小白)은 포숙이 호위하여 거(莒)나라로 망명하고 규(糾)는 관중이 호위하여 노(魯)나라로 망명했다가 공손무지 사후에 포숙은 소백과 함께 귀국하여 소백을 추대하여 환공(桓公)이 춘추시대 5패(覇)의 한 사람이 되었다. 이와 같은 故事를 이기진이 인용하여 뒷 일을 경계한 것이다.

그런데 오늘날까지 전해지고 있는 수어장대는 그 이후 1836년(헌종2) 유수 박기수(朴岐壽)가 중건하였으며 '수어장대(守禦將臺)'라는 편액은 같은 해 6월 하순에 집금오대장군(執金吾大將軍) 潘南 朴氏 박주수(朴周壽)가 쓴 것으로 판명되었다. '집금오(執金吾)'란 조선시대 의금부(義禁府)의 판사(判事-종1품)를 지칭한 말이다. 박주수는 수어장대를 중건했던 광주유수 박기수와 형제관계였다고 한다(반남박씨 후손 宗緖 고증).

2) 수어장대의 건축 양식

수어장대는 기단을 쌓은 위에 하층은 정면 5칸, 측면 3칸 그리고 상층은 정면 3칸,측면 2칸의 팔작지붕 양식의 2층 누각이다. 지붕은 상, 하층 모두 겹처마를 둘렀으며 추녀마루에 용두(龍頭), 용마루에는 취두(鷲頭)를 올렸다. 기둥구조는 60㎝ 높이의 팔각 장주초석 위에 올려져있고 공포(栱包)는 주심포(柱心包) 양식의 이출목(二出目) 익공(翼工) 양식이다. 특히 1층의 사방 1칸은 복도로 비워두고 정면3칸과 측면 2칸만 장마루를 깔고 사방에 높이 45㎝의 난간을 둘렀다. 2층은 1층 사다리를 통하여 올라갈 수 있도록 하였고 2층 사방에는 판문(板門)을 달아 태극무늬를 그려넣었다. 천정은 연등(椽燈-서까래를 그대로 노출시켜 만든 천장)천정 양식을 띠고 있다. 현재 2021년 국가보물로 지정되었다.

무망루 편액은 현재 관람객 편의를 위해서 지상에 별도로 전시되어 있다.

무망루 편액

(8) 성문(城門)

성문은 일반적으로 동,서,남,북 사면에 하나씩 4대문을 둔다. 성을 드나드는 주 출입구이며, 많이 두면 출입이 편리하나 수비와 방어에 어려움이 있으므로, 주요 간선도로를 따라서 4방으로 하나씩 둔다. 남한산성은 지형여건상 성문이 한쪽으로 치우치게 되는 경우에는 암문을 설치하여 출입 기능을 대신하고 있다.

좌익문(동문) 안쪽 모습 | 좌익문(동문) 바깥쪽

동문(東門)은 산성의 남동쪽에 있으며, 남문과 함께 사용빈도가 높았다.

조선 선조 때와 1624년(인조 2)에 수축(修築)하였으며 1799년(정조 3) 성곽을 개축한 후부터 좌익문(左翼門)이라 불렀다. 성문은 홍예문으로, 높이 4m, 폭 3.1m이며 홍예기석 위에 9개의 홍예석을 쌓아 만들었다. 낮은 지대에 있어 성문을 지면에서 높여 계단을 구축하였기 때문에 우마차를 이용한 물자 수송이 불가능하였다. 문루는 정면 3칸·측면 2칸 규모로 홑처마를 두른 팔작지붕 양식이며 용머리는 망와로 마감하고 연등천정으로 꾸몄다.

우익문(서문) 바깥쪽 | 우익문(서문) 안쪽

서문(西門)은 4개의 대문중 규모가 가장 작고 산성을 처음 쌓았을 때부터 있었던 것으로 보인다.

서문은 1637년(인조 15) 1월 30일(양력 2월 24일) 왕이 세자와 함께 청나라에 항복하기 위해 남한산성을 나간 바로 그 문이다. 남한산성의 서쪽 사면은 경사가 급해 물자수송이 어렵지만 광나루와 송파나루 방면에서 산성으로 진입하는 가장 빠른 길이다, 서문이 행궁 서편에 있어 우익문(右翼門)이라 하였다

성문은 반원형 홍예문이며 높이 2.5m, 폭 2.1m로 작고 좁다. 문 안쪽에는 2짝의 목재 판문이 있다. 정면 3칸·측면 1칸의 문루는 겹처마의 팔작지붕 양식이다

지화문(남문)　　　　　　　　지화문(남문)

남문(南門)은 남한산성에 있는 4대문 중 가장 크고 웅장한 중심문으로, 지화문(至和門, 마침내 화합,평화에 이른다)이라 하며, 현재에도 출입이 가장 많은 곳이다.

선조 때의 기록을 보면 동문, 남문, 수구문의 세문을 수축하였다는 내용이 있는 것으로 보아 남문은 1624년(인조 2) 수축되기 이전부터 이미 있었던 것임을 알 수 있다. 남문은 1779년(정조 3) 성곽을 보수할 때 개축하고 지화문(至和門)이라 하였다. 1976년 문루를 복원하였고, 2009년 정조의 글씨를 집자(集子)하여 전면에 현판을 설치하였다. 병자호란으로 인조가 처음 남한산성에 들어올 때 바로 이 문을 통해서 들어왔다. 성문은 홍예문으로 높이 4.75 m, 폭

3.35 m, 길이 8.6 m이며 홍예기석 위에 17개의 홍예석을 쌓아 만들었다.

전승문(북문) 옆면

전승문(북문) 바깥쪽

북문(北門)은 병자호란 당시에 성문을 열고나가 기습공격을 감행했던 문이다. 싸움에 폐하지 않고 모두 승리한다는 뜻에서 전승문(全勝門) 이라고도 하였다. 당시 영의정 김류의 주장에 의해 군사 300여 명이 북문을 열고나가 청군을 공격하였으나, 적의 계략에 빠져 전멸하고 말았다. 이를 '법화골 전투'라 하는데, 병자호란 당시 남한산성에 있었던 최대의 전투이자 최대의 참패였다.

1779년(정조 3) 성곽을 개보수 할 때 성문을 개축하고 이름을 붙여 전승문이라 한 것은 그때의 패전을 잊지 말자는 뜻이었을 것이다. 선조 때의 기록을 보면 산성내에 동문, 남문, 수구문 총3개의 문이 있었다는 기록이 있는 것으로 보아 북문은 1624년(인조 2)에 신축된 성문이라고 생각된다.

남한산성 북쪽 해발 365m 지점에 있는 북문으로, 이 문을 통해 세곡을 운반하였다.

성문은 홍예기석 위에 10개의 홍예석을 쌓아 만든 홍예문으로 높이 3.65m, 폭 3.25m이다. 성벽의 두께는 7.1m에 이른다. 단층의 문루는 정면 4칸·측면 2칸 규모이며 겹처마를 두른 팔작지붕을 올렸고, 주심포 양식의 민흘림 기둥을 세웠다. 2023년 11월에 복원을 마무리 지어 재개장을 하였다.

전승문의 전(全)은 들입(入)변에 임금왕(王)을 써야하는데 현재 전승문 현판의 전자는 사람인(人)변으로 잘못 기재되어 있으므로 조속히 개정되어야 하고, 이왕이면 자하문처럼 정조의 글씨를 집자하여 수정하면 좋겠다.

(9) 암문(暗門)

암문은 적의 관측이 어려운 곳에 설치한 성문의 일종으로 전쟁에 필요한 물자를 운반하고, 적에게 포위당했을 때 적의 눈에 띄지 않게 구원을 요청하거나 원병을 받고 역습을 하는 통로이기도 하다. 암문은 이름 그대로 비밀스러운 통로이기 때문에 크기도 일반 성문보다 작고 문루나 육축 등 쉽게 식별될 수 있는 시설을 하지 않았다.

남한산성의 암문은 모두 16개로써 우리나라의 성 중에서 암문이 가장 많은 성이다. 이는 남한산성이 워낙 큰 성이기에 주요 4문만으로는 불편한 교통을 담당하고, 유사시에 활용하기 위해서 요소요소에 설치를 하였기 때문이다.

특히 남문에서 동문에 이르는 긴 구간에는 4개의 암문을 설치하여 신남성과 남동지역으로의 출입이 원활하도록 하였고 그 중 신남성으로 가기 위해서는 7암문, 검복리 방면으로 가기 위해서는 8암문이 주로 이용되었던 것으로 보인다. 또한 동쪽 부분 특히 1암문은 용미리나 퇴촌 등 동쪽 지역의 교통과 물자이동에 중요한 기능을 분담하였던 것으로 보이며, 북문에서 북장대에 이르는 구간은 3암문과, 봉암성의 12암문, 벌봉 부분의 13암문이 주로 이용되어 동북지역으로의 왕래를 원활히 할 수 있도록 하였다.

암문은 구조별로 6개의 평거식(平据式)과 10개의 홍예식(虹霓式)으로 나누어지는데, 평거식 중 3개는 봉암성과 한봉성, 본성의 제2암문과 제 6암문이다.

홍예식 - 제1암문

평거식 - 제2암문

각 암문의 위치와 구조 및 특징은 다음 표에 요약하였다

암문	위치, m	구조, Cm	특징
1 암문	동벽 장경사 바라보는 지점	홍예식 폭127 높이210	좌우 성벽이 돌출되지 않았다. 암문 밖으로 200m 내려가서 큰골에서 제16암문을 통해 벽수골로 가면 동문보다 쉽게 퇴촌을 갈 수 있다.
2 암문	장경사 신지옹성 출입문	평거식 폭130 높이143	좌우 성벽이 돌출되지 않았다. 암문 주변의 성벽에 일반적인 성돌과 무사석이 혼재되고, 체성벽의 축조기법도 차이가 있어, 신지옹성 축조시에 신축된 것으로 추정 된다
3 암문	동장대 서쪽 57 해발 494	홍예식 폭236 높이265	원성과 봉암성, 한봉성을 연결하는 주 출입구. 차단하면 좌우로 1km내에 출입구가 없음. 암문 중 크고 웅장하며, 문루만 없지 성문의 역할을 했을 것임.
4 암문	동장대 서쪽 263 해발 426	홍예식 폭95 높이180	양쪽에 무사석을 놓고 위에 홍예석 3개로 간단하게 구축, 하남시 하사창동에서 옥정사나 망월사로 가기 위해 주로 이용했을 것임.

5 암문	서문 북동쪽 200 해발 458	평거식 폭130 높이143	연주봉옹성 출입문으로 암문 서쪽에는 체성벽에 2m 정도 돌출된 치가 있다. 북쪽으로는 직선거리 150m정도의 연주봉옹성이 연결되어 있음.
6 암문	수어장대 서남쪽100 해발 474	평거식 폭 77 높이155 안쪽 평거식 폭x높이 150x150	서암문 파적처, 인조15년(1637) 1월23일 적군이 세 번의 야간공격을 다 막아냈다. 이 전투에 대해서는 『중정남한지』에 시(詩)가 전해지고 있다.
7 암문	제1남옹성과 신남성 통로 해발 427	홍예식, 폭 290 높이 310	제1남옹성의 성벽이 동쪽으로 길게 뻗어 이 암문까지 연결되어있다. 남쪽 성벽 중에서는 가장 이용 빈도가 높았을 것으로 보인다
8 암문	암문 동쪽 192 해발 440	홍예식, 폭 189 높이225	암문의 보호를 위해 성벽을 회절 시키지 않고 동편에 치를 길게 쌓았다. 암문과 제2남옹성을 내려다보이는 치와 주변의 큰 느티나무가 어울려 풍광이 사철 아름답다
9 암문	제3남옹성 서쪽100 해발442	홍예식, 폭 157 높이160	암문 좌측에 회절하면서 8m정도 돌출된 성벽이 적대 역활 및 외부 노출을 막아줌
10 암문	제3남옹성 동쪽 69 해발 437	홍예식, 폭157 높이160	암문 서쪽의 8m정도 돌출된 성벽이 적대 역활 및 외부 노출을 막아줌. 경기도 광주 쪽에서 솟는 일출의 명소이다

11 암문	동문 옆 수구문 남쪽 20 해발 305	홍예식, 폭 286 높이307 안쪽 평거식	16개 암문 중 가장 규모가 크다. 동문의 경우 위엄 있게 보이기 위해 도로보다 높은 곳에 위치하여, 성문 밖에 계단이 설치되어 우마차가 다닐 수 없다. 따라서 성내에 필요한 물자를 공급하기 위한 수레나 일반인들의 통행은 주로 11 암문을 이용했을 것이다. 한편 11암문은 시구문이라고도 하였다. 암문 밖에는 수문에서 나오는 큰 물줄기가 흐르는 계곡이 있는데 이곳에 신유박해(1801), 기해박해(1839), 병인박해(1866) 시기에 남한산성에서 순교한 천주교인 300여명이 시구문을 통해서 계곡에 버려졌다.
12 암문	제3암문 동쪽 100 해발 500	홍예식, 폭 230 높이 250	3암문으로 원성을 나와 벌봉성으로 들어가는 관문 역활을 했음
13 암문	벌봉 서쪽 42 해발 424	평거식 폭 170 높이 190	양쪽의 성벽이 적대의 역할을 할 수 있으므로 별도의 시설을 없다. 13암문은 봉암성에서 가지울을 지나 상산곡동이나 하남시 쪽으로의 출입을 위하여 구축한 것으로 보인다. 암문 1,3,16과 함께 이용 빈도가 상당히 높았을 것이다. 바깥쪽으로 소로가 잘 남아있다
14 암문	봉암성 외동장대 동남쪽42	평거식 폭 120	암문 13과 한봉성의 암문16까지 성 밖으로 나갈 수 있는 출입시설이 없기 때문에 유사시에 대비하여 축성한 것으로 보인다. 크기도 작고, 마땅히 연결되는 도로도 없다
15 암문	벌봉성과 한봉성 연결부위 서쪽 10m	평거식 폭 180 높이 180	15암문은 봉암성에서 한봉성으로 가는 유일한 통로이다

	한봉성 연결기점 473 해발 381	평거식 폭 137 높이 90	조선 고지도에도 주요 길목으로 표시되었듯이 암문 중 가장 이용 빈도가 높은 암문이었다. 장경사 부근에서 제1암문을 나와 큰골을 경유하여 제16암문을 통해 벽수골로 내려가는 길은 동문을 경유하는 것보다 퇴촌방면으로 가는 지름길이다
16 암문			

6암문은 성벽의 흐름방향과 달리 입구가 북서쪽을 향하고 있어 외부에서 쉽게 눈에 띄지 않도록 한 것이다. 또한 동북쪽의 성벽을 돌출시켜 암문으로 접근하는 적을 측면에서 공격할 수 있도록 하였다.

이 6암문 부근을 서암문파적지(西暗門破敵地)라 부르는데, 그 사연이 『중정남한지』에 다음과 같이 기록되어 있다.

1637년(인조 15) 1월 23일 한 밤중에 적군이 서쪽 성벽을 넘어서 쳐들어왔다. 이 지역은 수어장대와 가까운 곳이며 행궁으로 통하는 곳이므로 아군에게는 매우 긴요한 곳이었다. 적병이 사다리를 타고 올라오는 것을 몽둥이로 쳐서 성 밖으로 떨어뜨렸으며 적군이 세 번이나 야습을 감행하여 돌을 굴리고 포탄과 화살을 퍼부었다. 아침에 적이 침공한 성 아래를 보니 눈과 빙판이 온통 피로 물들어 있었다. '서암문 파적지'라 함은 바로 그때의 승리를 두고 이르는 말이다.' 또한 『중정남한지』에는 이와 관련한 다음의 시가 전한다.

서암문 파적지를 보며

장사가 창을 깨고 호관(虎關)을 지키니
서문에서 한판 싸움 굳었던 얼굴 폈구나.
지금도 치(雉)와 첩(堞)이 구름과 연한 곳에
오히려 당시 싸움의 핏자국이 얼룩져 있구나.

(10) 수문(水門)

동문에서 서남쪽으로 도로를 건너면 수문이 있다. 지금의 물길은 이곳이 성내에서 가장 낮은 곳이다. 지금은 물길이 바뀌어서 수문의 형태를 잘 유지하고 있으며, 관찰도 쉽게 할 수 있는 곳이다.

크기는 작은 암문 보다 크다. 수구문 바닥과 천장석에는 23Cm 간격으로 홈이 파여 있는 것으로 볼 때 철심이 박혀 있어서 적의 침입을 방지한 것으로 보인다.

이밖에도 여러 곳에 다수의 수구(水口)가 설치되어 성안에 고이는 물을 외부로 배출하고 있는데, 수구의 바닥돌을 체성벽에서 30Cm 정도 돌출시켜 수구에서 떨어지는 물이 성벽으로 스며들지 않고 외부유출 되도록 하였고, 떨어지는 바닥에는 잔돌을 깔아서 흙이 파이는 것을 방지하였다.

위치	동문 서남쪽 70m 해발 300m	구조	평거식 폭 188Cm, 높이 205Cm

(11) 여장(女墻;성가퀴)

여장은 적의 공격으로부터 즉 화살이나 총알 등을 피하기 위하여 성벽 위에 낮게 쌓은 담장을 말한다. 여다, 여첩, 치첩, 타, 여원 이라 부르기도 하고, 옛말로는 성각휘, 성가퀴, 살받이터로 불리기도 하며, 설치 목적에 따라서 치폐, 첩담, 비예, 휘장 등의 용어가 있다.

남한산성의 여장은 모두 평여장인데, 이외에도 凸형여장, 반원형여장 등도 있다. 남한산성의 경우 1타의 길이는 3~4.5m 이고, 여장의 높이는

동장대 근처의 비교적 형태가 잘 남아있는 여장

복원된 여장의 모습, 근총안 원총안, 타구가 정확하게 복원되었다.

70~135Cm정도이다. 타와 타 사이의 타구의 폭은 30 Cm정도이고 타구의 높이는 대략 56Cm로 여장의 절반 정도 높이이다. 타와 타사이의 간격은 15Cm 정도로 가운데는 'ㅅ' 형태로 뾰족하게 처리하여 좁지만 상대적으로 넓은 면적을 조망하여 방어의 효율성을 높게 하였다. 여장의 1타에는 중앙에 근총안, 양쪽에 원총안 총 3개의 총안을 설치하였다, 근총안은 경사가 36도, 원총안은 경사가 22도 정도를 유지하여 효율적인 방어가 이루어지게 하였다. 이밖에 치(치성), 포루, 등 깊고 자세히 연구할 과제들이 남한산성에는 무궁무진하다.

한편 남한산성은 성곽시설 이외에도 성곽주변으로 뛰어난 경관들이 많아, 역사 공부 이외에도 성의 시설과 어울리는 자연경관을 사시사철 즐길 수 있다.

제8암문 밖 제2남옹성 부근의 치, 성곽과 느티나무의 모습

<집필자 : 최규근>

행궁 복원 모습

수어장대(강희갑 제공)

4장
행궁

1. 행궁

(1) 행궁 건립 배경과 건물 구조

남한산성은 삼국시대 이래로 대단히 중요하게 여긴 성이다. 신라가 당과 운명을 건 전쟁 나당전쟁 중의 긴박한 상황에서도 국력을 쏟아가며 세웠다는 것은 나라의 운명이 달린 성이란 것이다. 그만큼 남한산성은 중요했고 그런 중요성은 고려시대 몽고의 침략을 막아내고, 임진왜란 중에도 의병 활동으로 나라의 어려움을 함께한 보장처였다.

행궁(行宮)이란 왕이 서울의 궁궐을 떠나 지방으로 행행(行幸)할 때 머무는 곳으로 행재소(行在所)라고도 하였다. 행궁의 주요 기능은 주로 전쟁·능행·휴양 등의 목적으로 만든 궁이다. 그중 남한산성 행궁은 전쟁이나 반란 등 국가가 위험에 처할 때 각지의 지원군이 도착할 때까지 서울의 궁궐을 대신할 보장처로 사용하기 위하여 남한산성 개축하는 도중인 1625년(인조 3) 상궐과 하궐의 행궁도 같이 건립하였다. 그래서 그런지 조선 시대에 전국에 많은 행궁이 존재하지만 좌전과 우실을 만들어 종묘의 기능을 담당하게 하였으며 유사시 임시 수도의 기능을 대신할 수 있는 행궁은 남한산성 행궁이 전국에서 유일하다. 그리고 남한산성 행궁은 광주행궁, 남한행궁 등 여러 이름으로 불렀다.

남한산성 행궁의 건립은 풍산 홍경모의 『중정남한지(重訂南漢誌)』에는 1624년 9월 착공하여 1625년 4월에 건립된 것으로 기록되어 있다. 그 후 11년 후인 1636년 병자호란이 발생하자, 인조는 남한산성으로 피신하여 47일간 이곳에서 후금의 군대와 싸우게 되었다.

조선 후기의 왕 가운데 숙종·영조·정조·철종·고종이 여주에 있던 3~7대조 할아버지인 효종의 영릉(寧陵) 능행길에 남한산성 행궁을 행차하여 여러 곳을 주필하기도 하고 주무시기도 하였다. 특히 정조는 남한산성을 중요하게 여겨 산성의 부서진 곳을 고치게 하고 여장을 쌓게 하였고 남문인 지화문 등 사대문의 이름을 짓는 등 관심이 많았으며 이곳에서 광주와 인근 고을 백성을 위해 문과와 무과의 특별 과거시험을 실시하여 이곳 출신들을 우대하기도 하였다. 그리고 산성을 지키기 위한 수어청과 행정관청인 광주부

를 일원화하여 광주유수부를 두기도 하였다.

행궁은 상궐과 하궐을 포함하여 여러 부속 건물들을 두었는데 다음과
같다.

행궁의 정문은 한남루이고 행궁 안에는 상궐이 있고 그 안에는 내행전,
남행각, 북행각, 재덕당, 좌승당 등이 있으며 담장 너머에는 활을 쏘기 위한
이위정(以威亭)이 후원 안에 있다.

하궐 안에는 외행전, 일장각, 남행각, 북행각 등이 있다. 그 밖에 내행전 우
측의 북쪽에 좌전이 있으며 그 안에 영녕전과 정전이 있다. 우실은 자리만
남아 있으며 그 자리는 행궁 건너 남문 아래 쪽 우측에 위치하고 있다. 그러
나 현재는 남한산성 지역의 수돗물 급수를 원활하게 공급하기 위한 배수시
설이 있다.

(2) 한남루(漢南樓)

한남루는 남한산성 행궁의 정문이다. 2층으로 세워진 누문으로 1789년
(정조 22) 광주유수 홍억이 건립하였으며 한남루란 뜻은 한강의 남쪽에 세운
누대란 것을 의미한다. 궁궐의 제도는 삼문삼조(三門三朝)라 하여 정전까지
3개의 문을 거쳐 들어가는 것이 규범이었다. 그런데 남한산성 행궁은 외삼
문과 중문만이 있던 것을 한남루를 정문으로 세워 삼문삼조의 법도를 완성
하였다. 한남루의 정면과 후면 기둥에는 연구(聯句) 4대 8련의 주련이 걸려
있다. 주련의 시구를 읽어보면서 당시의 선비들이 누리고 싶었던 생활을 생
각해 볼 수 있다.

[守一城講龍虎韜/수일성강용호도] [鎭百里閱貔貅士/진백리열비휴사]
[良刺史宣上恩德/양자사선상은덕] [大將軍御下威信/대장군어하위신]
[是地兼繭絲保障/시지겸견사보장] [暇日則雅歌投壺/가일즉아가투호]
[縱未能復讐雪恥/종미능복수설치] [恒存着忍痛含冤/항존착인통함원]

한 성을 지킴에 용과 호랑이의 도략을 익히고
백리 지역을 지킴에 비휴(범과 유사한 맹수)와 같은 용사를 본다
훌륭한 관리는 임금의 은덕을 널리 펼치고
대장군은 아랫사람을 위엄과 믿음으로 다스리네
이 땅에서 누에 키움과 나라 지킴을 겸하지만
한가한 날에는 노래하며 투호놀이도 한다네
비록 원수를 갚아 부끄러움을 씻지 못할지라도
항상 아픔을 참고 원통한 생각을 잊지 마라.

(3) 내행전(內行殿:상궐)

상궐 내행전은 임금이 잠을 자고 생활하던 공간으로 규모는 정면 7칸, 측면 4칸으로 전체 28칸 건물로 행궁 내에서 가장 크고 화려하다. 중앙 3칸은 대청으로 되어있고, 좌우 2칸은 온돌방과 마루방으로 되어 있다. 내행전은 행궁 내 왕이 거처하는 곳으로 건물 중 가장 격식이 높다. 내행전의 지붕 양식은 팔작지붕이고 용문양과 봉황문양의 막새기와를 사용하여 왕이 생활하는 곳이라 권위를 높였고 전각의 지붕 위 네 귀의 추녀마루에 5가지 잡상을 얹어 장식하였다. 내행전은 2002년에 중건되었다.

상궐(내행전. 복원 이전 사진. 일제시기)

내행전(복원 후)

(4) 재덕당(在德堂)

재덕당은 상궐 내행전 뒤편 야트막한 언덕 위에 1688년(숙종 14)에 광주
유수 이세백이 세운 건물로 맞배지붕의 정면 3칸 측면 2칸 반의 규모이며
맞배지붕에 방풍판의 모양으로 보아 사당 건물로 추정된다. 건물 옆쪽에는
반석(磐石)이라는 글씨가 새겨진 바위가 있다.

재덕당과 반석

(5) 좌승당(坐勝堂)

좌승당은 상궐 내행전의 오른쪽, 담장 밖에 있다. 1817년(순조 17) 광주부 유수 겸 수어사 심상규가 건축한 이 건물은 광주부 유수의 집무용 건물이다. 좌승(坐勝)이란 '싸우지 않고 앉아서도 적을 이긴다' 라는 의미로 전투에서 이길만한 계책을 미리 써서 적을 쉽게 물리친다는 군사적 의지가 담겨있으며 유수 심상규가 건물의 이름을 지었다. 좌승당은 정면 6칸, 측면 3칸의 2중 서까래를 잇대어 달아낸 겹처마의 팔작지붕이다. 좌승당은 2002년에 중건되었다.

(6) 외행전(外行殿:하궐)

남한산성을 개·수축할 때 지어진 하궐의 중심 건물로, 임금님이 거쳐하며 업무를 보던 건물이다. 규모는 정면 7칸, 측면 4칸으로 상궐의 내행전과 동일한 28칸 건물이지만 내행전보다 면적이 약간 작고 내행전 아래에 위치해 있다. 상궐의 기둥은 이익공 형식으로 화려하게 보이게 하였으나 외행전은

외행전(하궐)

상궐보다 위계를 낮추기 위해 둥그렇게 단순 처리하였다. 병자호란 당시 인조가 외행전에서 군사들에게 음식을 주어 위로하기도 하였다. 호란 당시 청군이 한봉에서 홍이포를 쏘아 포환이 외행전 기둥을 맞추어 인조가 내행전으로 거처를 옮기기도 하였다. 평상시에는 광주 유수의 근무처로 사용되었다. 외행전은 2010년에 복원하였는데 발굴 조사 과정에서 통일 신라의 건물 터가 발견되었는데 건물의 벽 두께가 2m, 기와 한 장의 무게가 약 19kg인 대형 기와와 기와 더미가 발견되어 이 건물이 무기고가 아닌가 추정하기도 한다. 현재 외행전 내 양옆에 건물터와 기와 더미를 보존하여 전시하고 있다.

외행전에는 3대 6련의 주련이 걸려있다.

[聖代初回三古俗/성대초회삼고속] [禁林長住萬年春/금림장주만년춘]
[春在聖人方寸裏/춘재성인방촌리] [民皆元氣太和中/민개원기태화중]
[萬民歌舞康衢月/만민가무강구월] [千里煙霞壽域春/천리연하수역춘]
태평성대가 처음으로 세 번의 옛풍속으로 돌아와 대궐 숲에 오래 머무니 만년의 봄이로다
봄은 성인의 작은 마음속에 있고 백성은 모두 원기가 큰 화합 가운데 있도다
만백성이 노래하고 춤추는 태평스런 풍경이요 천리로 이어지는 연기와 안개는 살기 좋은 이땅에 봄이 온 것 같구나

*수역(壽域) : 다른 곳에 비하여 오래 사는 사람이 많은 지역.

(7) 일장각(日長閣)

일장각은 외행전의 오른쪽에 있으며 광주부 유수가 업무를 보던 관청 건물이다. 일장각이란 이름은 수어장대가 위치하고 있는 청량산의 다른 이름인 일장산에서 따왔다. 또 남한산성을 일장산성, 주장산성이라고도 하였다.

일장각은 하궐 내부 담장 밖에 위치하고 있다. 1829년(순조 29)에 광주부 유수 이지연이 세운 전면 4칸, 측면 2칸, 8칸의 팔작지붕 건물로 현재 건물은 2010년에 중건되었다.

(8) 좌전(左殿)

좌전(左殿)은 행궁 오른쪽 북쪽 담장 밖에 위치하고 있으며, 유사시 종묘의 신주를 옮겨 봉안하기 위해 만든 곳이다. 인조 당시 행궁을 건립할 때는 없었으나 병자호란을 겪으면서 남한산성행궁이 임시 수도의 역할을 수행하는 보장처로서 기능을 하기 위하여 1711년(숙종 37) 부윤 김치룡이 우실과 같이 지었다. 좌전과 우실을 조성했다는 것은 남한산성 행궁이 일반적인 행궁이 아닌 중요한 곳이었음을 뜻한다. 좌전이라는 명칭은 행궁의 좌측에 위치하므로 좌(左)를 붙였으며 종묘(宗廟)보다는 격이 낮은 전(殿)을 붙여 사용하게 되었다. 좌전은 정면 4칸 측면 2칸의 맞배 지붕으로 안에는 명녕전과 정전이 있다.

우실(右室)은 사직을 모시는 곳으로 좌전과 함께 건립되었다. 사직단을

'우실'이라 한 것은 중국 주(周)나라의 좌묘우사(左廟右社)의 예를 따른 것으로 궁궐을 중심으로 좌측에 종묘, 우측에 사직을 배치한 것이다. 현재 우실 자리는 한남루에서 남문가는 길 왼편에 있는데 남한산성 지역의 수돗물 급수를 원활하게 공급하기 위한 배수시설이 위치하고 있다. 우실은 현재 복원하지 못하고 있다.

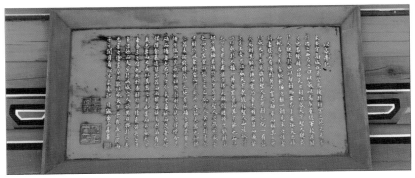
이위정기(김정희 서)

(9) 이위정(以威亭)

이위정(以威亭)은 행궁 후원 안, 재덕당 뒤, 좌전의 앞에 있다. 1817년(순조 17) 광주 유수 겸 수어사 심상규가 활을 쏘기 위해 세운 정자다. 이위(以威)란 원래 '활과 화살의 예리함으로 천하에 위엄을 떨친다'는 뜻이다. 이위정에 대한 기록은 『중정남한지』에 남아 있으며 이위정 기문(以威亭 記文)은 심상규가 짓고 글씨는 추사 김정희가 쓴 이위정기가 탁본으로 남아 있는 것을 다시 새겨 걸었다. 2010년에 복원 재건되었다.

(10) 인화관(人和館)

인화관은 행궁의 객사 건물로 행궁의 아래 왼쪽에 위치해 있다. 1624년

(인조 2) 목사 유림이 건립하였으며 목사 이태연이 인화(人和)라는 편액을 걸었으며 송시열이 지은 기문이 있다. 비석군에 3개의 선정비가 세워져 있는 유수 겸 수어사 이지연이 수리하였다. 객사는 각 고을 치소에 세운 국립 여관으로 조정에서 내려오는 귀빈이나 손님이 머무는 여행자 숙소이다. 인화관은 행궁의 객사인 만큼 다른 객사에 비하여 위계가 높았던 것으로 보인다. 전체 규모는 36칸이다. 중앙의 정청과 관리의 숙소인 동익헌, 서익헌 3동으로 이루어져 있다. 2014년에 중건되었다.

<집필자 : 김이동>

행궁 입구 한남루 야경 (최규근 제공)

지수당 설경 (최규근 제공)

숭열전

연무관

5장
문화유산

1. 사당

(1) 숭열전(崇烈殿)

『중정남한지(重訂南漢志)』에 따르면 1638년(인조 16)에 백제 시조 온조왕(溫祚王)의 사당(祠堂)으로서 건립되어 온조왕을 主享으로 그리고 축성 책임자였던 완풍군 이서(李曙) 장군을 배향(配享)하였던 곳이다. 원래 명칭은 '백제시조묘', '온조왕묘', '온왕묘' 등으로 불리었으나 1795년(정조 19) 사액(賜額)에 의하여 지금과 같이 '숭열전'으로 호칭되었다. 이 숭열전은 『국조오례의(國朝五禮儀)』에 따르면 중사(中祀)에 해당되는 제사를 올렸던 공간으로 1972년 5월 경기도 유형문화유산으로 지정되었다.

백제 시조 온조왕의 사당이 남한산성에 건립된 배경에는 유명한 인조의 꿈 일화가 있다. 인조 임금이 산성에서 밤늦게까지 전투를 지휘하느라 앉은 채로 곤히 잠들었는데 꿈에 신령같은 사람이 나타나 "적이 구름사다리를 타고 북성을 오르는데 어찌하여 막지 않는가?' 하고 말하자 왕이 누구냐고 묻자 "나는 성주 온조왕이다"고 하자 놀라 깨어나서 곧바로 정탐하게 하였더니 꿈과 같은 지라 장수를 시켜 많은 적들을 목베고 격퇴하게 되었다. 그

이후 환도한 뒤에 특별히 온조왕묘를 짓고 봄, 가을로 제사를 지내게 되었
다는 고사(故事)가 전해지고 있다.

한편 인조가 어느 날 밤에 꿈을 꾸었는데 온조왕이 찾아와서 자기의 묘를
세워준 것에 대하여 고마움을 표하면서 인조를 치하하고 "나 혼자서 지내기
가 너무 적조하니 신하 이서를 보내줄 수 없느냐?"고 하자 인조 역시 흔쾌
히 승낙하고 깨어 보니 꿈이었다. 그런데 다음날 아침 광주유수 이서(李曙)
가 간밤에 죽었다는 기별이 왔다. 우연치고는 너무나 기이한 얘기이다. 이에
이서장군을 배향하게 되었다고 전한다.

숭열전 사당

숭열전의 건축 구조는 『남한산성문화유적 지표조사보고서』(토지박물관,
2000)에 따르면 본당은 좌우측에 아랫단이 둥근 형태를 한 방풍벽을 친 맞
배지붕 형태이며 정면 3칸, 측면 2칸의 건물이다. 정면 3칸에는 여닫이 4쪽
의 격자문을 달았으며 처마는 겹처마이다. 주춧돌은 원형으로 다듬어졌으
며 그 위에 민흘림 기둥과 주심포(柱心包--두공(枓栱) 양식의 하나) 양식이며

천정은 연등천정이다.

또한 부속건물 2개 동이 있는데 방풍판이 없는 맞배지붕 형태로 측면에
창을 내지 않고 회벽으로 비바람을 막게 하였다. 사당 출입시에 사용하는
외삼문(솟을삼문)은 정면3칸, 측면 1칸의 홑처마를 두른 맞배지붕 양식이며
대문 중앙에는 태극문양을 장식하였다.

숭열전 외삼문

숭열전 전경

(2) 현절사(顯節祠)

건립배경을 살펴보면 현절사(顯節祠)는 병자호란의 3학사(三學士) 윤집(尹
集)·오달제(吳達濟)·홍익한(洪翼漢)의 넋을 위로하고 충절을 기리기 위하여
1688년(숙종 14)에 유수 이세백이 세운 사당이다. 1972년 경기도 유형문화
유산으로 지정되었다.

사당 건립은 1681년 교리 이사명(李師命)의 발의와 지평 조지겸(趙持謙)의
찬동으로 비롯되었다. 조정에서 광주 유수(廣州留守)에게 유수부의 재정으
로 건립하게 했으나, 재정 조달이 여의하지 않아 1688년에야 완공되었으며,
1693년(숙종 19)에 현절사라 사액되었다. 1711년(숙종 37)에 척화파의 대표
이던 좌의정 김상헌(金尙憲)과 인조의 항복 당일 자결을 꾀하였던 이조 참판

현절사 전경

정온(鄭蘊)을 추가로 입향(入享)했다. 이때 사우에 물이 차고 장소가 좁다는 여론에 따라 현재의 위치로 옮겨 중건하였다고 한다.

충절을 장려할 목적으로 건립되었으므로 춘추의 제향이나 사당 운영 경비는 모두 국가에서 지원했다. 1871년(고종 8) 흥선대원군에 의한 서원철폐령 대상에서 제외되어 현재까지 당시의 모습을 이어나가고 있다.

사당은 정면 3칸, 측면 3칸의 크기이며 맞배지붕을 하고 있다. 사당의 출입문은 외문과 내문 모두 삼문이 아닌 단칸인 일각문 형식을 하고 있다. 부속 건물로 동재(東齋)와 서재(西齋)를 갖추고 있다. 담장으로 둘려진 사당구역은 상·하 두 단으로 구분되어 아랫단에는 좌우 제실이 있고 상단에 사당이 놓여 있다. 출입하는 문은 제실 앞과 사당 앞 다같이 일각문 형식의 단조로운 문이다.

사당 외부로는 측·후면이 모두 화방벽을 쌓아 올려 밑에서 귀기둥만 노출된 상태이고, 정면에는 3칸 모두 사분합살문을 달고 있다. 사당 앞쪽에는 툇간을 두어 제향의 기능을 꾀하였다. 지붕은 방풍판 밑을 수평으로 잘라 둔 맞배지붕이다.

정면 공포는 출목(出目) 없이 2익공(翼工)을 꾸몄고 전면에 화반을 아름답게 꾸미고 후면에는 초익공으로 간소화된 장식을 한 건물이다. 내부에는 바닥에 전을 깔고 연등천정을 하였고 보아지와 첨차 등의 장식으로 화려하게 꾸몄다. 목부에는 모로단청(건물 부재의 양끝에만 무늬를 그리는 단청)을 하였다. 이곳의 익공은 일반적으로 조선후기 지방에서 사용된 연화를 익공 쇠서(살미:소 혀바닥 모양의 장식 부재)위에 조각한 익공형식이지만 화반은 흔하지 않게 아름답게 조각한 것이 특징이다.

현절사 제향

오늘날 현절사 제향(顯節祠 祭享)은 경기도 광주시 남한산성면 산성리에 있는 현절사에서 매년 행하여 지는 배향이다. 봄에는 하남시에서, 가을에는 광주시에서 문화원을 통해 지원을 하고 있으며 진행은 각 유도회에서 맡고 있다. 현절사 제향은 2008년 4월 21일 광주시의 향토문화유산 제2호로 지정되었으며, 매년 춘계(음력 3월 중정일)와 추계(음력 9월 중정일) 2회에 걸쳐 진행되고 있다.

삼학사의 애국충절과 기개에 감복한 청나라의 태종은 삼학사를 조선의 태산북두와 같이 큰 세 인물이라는 뜻의 **'삼한삼두**(三韓山斗)**'**라는 휘호를 주어 추모비를 세우게 하고 그들의 넋을 위로하였다고 한다. 이 비는 현재 복원되어 독립기념관에 세워져 있다.

삼한산두 비석

(3) 청량당(淸凉堂)

청량당은 청량산 꼭대기에 건립된 수어장대 담장 밖에 세워진 사당이다. 산성축성의 책임자로서 도총섭(都摠攝)이었던 각성(覺性) 대사와 동남쪽 축성을 담당했던 이회(李晦)와 그의 부인 송씨의 넋을 기리기 위해서 영정을 봉안한 곳이다. 현재 경기도 유형문화재 제3호로 지정되어 있다.

청량당은 '청계당'이라고 불리었고 또 '매당', '응당'이라고도 불리었는데 수어장대 옆의 수어서대(守禦西臺)라고 불리우는 일명 매바위 전설에서 유래한 것으로 보인다. 매바위 전설은 이회의 억울한 죽음과 관련되어 있다. 1624년(인조 2) 남한산성을 수축할 당시 서북쪽은 8도 도총섭인 각성 대사가 승군을 지휘하여 쌓았고 동남쪽은 총책임자인 이서(李曙)의 부하장수였던 이회가 맡았다. 이회장군은 동남쪽 성벽을 쌓을 때 공사의 완벽을 기하기 위하여 철저하게 점검하며 공사를 진행하였으나 기한을 넘기고 말았을 뿐만 아니라 비용 역시 턱없이 부족하게 되었다. 설상가상으로 공사비 부족을 이회가 주색잡기에 탕진했다는 소문으로 인하여 조정에서는 이회장군의 책임을 물어 참수형에 처하였다. 전설에 따르면 형장에서 이회는 말하기를 " 내가 죽는 순간 한 마리의 매가 날아 올 것이니 매가 오지 않으면 죽어 마땅하되 매가 오면 무죄인 줄 알라"고 하였다. 그런데 장군의 목을 베자 장군의 목에서 매 한마리가 나와 근처 바위에서 슬피 울다가 멀리 날아가버리고 바위엔 매 발톱자국만 남아있게 되어 '매바위' 또는 '응암'이라고 후대 사람들은 불렀다고 한다. 그러나 이회 처형이후 그가 쌓은 성벽을 실제로 조사해보니 산성이 견고하고 충실하게 축조되었으며 다만 주변 산세가 워낙 험하여 성벽 기초공사에 시일이 지연하게 된 사실을 알게 되었다.

'수어서대(守禦西臺)'가 새겨진 응암(매바위)

또 당시 송씨 부인은 남편을 돕기 위하여 삼남지방으로 축성금을 모금하여 한강을 통해 돌아온 길에 남편 처형소식을 듣고 통곡하다가 한강에 투신하였다. 그리하여 결국은 청량산 위에 청량당이라는 당집을 짓고 이회 혼령을 매당왕신, 응당왕신으로 부르며 영정을 봉안하고 그들의 혼령을 위로하기 위하여 이른바 도당굿을 매년 음력 정월 초이튿날에 했다고 한다. 이른바 남한산성 도당굿은 이회를 주신으로 모시고 송씨 부인과 첩, 그리고 벽암대사 외에 백마신장, 오방신장, 대신 할머니, 군웅, 별상 등의 신들을 모시며 행해졌는데 1920년대에도 청량당 앞에 당지기인 무당이 두 칸짜리 집에서 살며 굿을 유지해왔으나 일제강점기에 도당굿이 중단되었다고 한다. 그후 1990년대애 이르러 남한산성 대동굿 보존회에 의해 남한산성 대동굿의 명맥을 유지해 오고 있다.

청량당 전경

　본당 건물 구조는 정면 3칸, 측면 2칸의 홑처마를 두른 팔작지붕이며 굴도리식 가구 (架構)형태와 주심포(柱心包) 양식의 기둥을 세웠다. 본당 중앙에 여닫이 격자문을 달고 좌우측 칸의 정면과 측면에 창문을 내었다. 대문은 정면 3칸, 측면 1칸의 홑처마를 두른 맞배지붕 건물로 좌우측칸에 격자문을 달아 방으로 꾸몄으며 출입문 중앙에 여닫이 대문을 달고 문 상단에 홍살을 장식하였다.

<집필자 : 조병로>

2. 관아

　남한산성 안의 관아[官廨:관해] 건물에는 행궁안의 부속 건물과 광주읍치 이설 후에 지어진 산성 내의 관아 건물로 나눌 수 있다. 『중정남한지』 관해(官廨)조에 따르면 행궁 부속관아는 좌승당, 일장각 등이 있고 행궁 밖에는 연무관과 뒷편에 있는 이아터의 제승헌(制勝軒) 그리고 비장청, 교련관청, 서리청, 향청 등 다양한 관청 건물이 건립되어 행정실무를 맡았다.

(1) 이아터

　이아는 연무관 뒷편 동북쪽으로 70여 미터 거리의 완경사지에 있는 행정 관청의 중심지로서 18세기 후반의 고지도에 따르면 이아(貳衙)라는 명칭으로 표기되었으나 『중정남한지』에는 제승헌(制勝軒)이라 하여 판관(判官)의 좌아(坐衙)라고 기록되어 있다.

　좌아는 아마도 하급관리들의 행정 집무실로 추정되며 제승헌은 본청 건물의 편액으로 보인다. 제승헌은 1748년(영조 24)에 부윤 남태온이 건립하였고 내아(內衙-내동헌)는 1796년(정조 20)에 세웠으며 여러 개의 부속 관아 건물로 구성되었는데 비장청, 교련관청, 기패관청, 본청군관청 외에 이아(貳

衙) 건물로 지곡관청, 방영군관청, 속오장관청, 포도군관청, 서리청, 순뢰청, 종각과 마랑(馬郞) 그리고 감옥 등이 있었다.

이아터 전경

현재 완경사지 아래쪽에는 높이 1미터 정도의 축대와 초석이 일부 노출되어 있다.

그 중에서 포도군관청터는 지금의 로타리주차장 남쪽 부근의 포청골 표지석(천일관 식당앞)이 세워진 곳으로 추정되며(중부파출소 부근

포도군관청터(일명 포청골 표지석)

으로 보는 견해도 있음) 천주교 사학 죄인 등의 범죄자를 붙잡아 조사했던 곳으로 판단된다. 또 군뢰청은 죄인을 다루는 병졸들인 군뢰가 업무보는 건물로서 죄인을 치죄하여 남자 감옥과 여자감옥에 수감하였는데 감옥터는 『해동지도』의 표기에 의하면 동창(東倉)과 영고(營庫) 사이에 '牢'자가 표시되어 있는 것으로 보아 유력하게 보이나 중부 파출소 부근설, 로타리주차장설, 북문과 서문사이설 등 의견이 분분하다.

(2) 연무관(演武館)

연무관의 유래는 병사들의 조련(操鍊)과 무예 등 군사훈련을 하기 위하여 지은 건물로 초기의 이름은 연무당(鍊武堂)이었다. 숙종 대에 수어사였던 김좌명(金佐明)이 보수하고 나서 그 편액을 연병관(鍊兵館)으로 고쳤으며 또

1779년(정조 3)에 이르러 수어영(守禦營)이라 하였다. 정조 3년에는 수어사 서명응이 쓴 「남성신수기(南城新修記)」에서 알 수 있듯이 남한산성을 대대적으로 보수하고 정조 임금이 남한산성 행궁에 머물며 군사훈련[城操]을 실시하였던 때이다. 그 이후 수어청이 혁파된 이후 1795년(정조 19)에 수어영이 오늘날의 연무관으로 변경되지 않았나 추정된다.

건물의 배치 지형을 보면 전면은 약간 경사지고 편편한 뜰이 있으며 2중 기단을 축조하고 중앙에 화강석 계단을 설치하였으나 후면은 전면과 달리 시야가 확 트이고 넓은 뜰이 있어 이아(貳衙)터로 연결되어 있다.

건축구조를 살펴보면 겹처마 양식의 팔작지붕으로 정면 5칸, 측면 4칸이며 정면과 양측면의 주초석은 8각 모양을 띤 장주초석으로 하였으며 기둥은 민흘림 양식의 원기둥이 사용되고 전면 기둥에는 주련을 다음과 같이 붙였다.

玉壘金城 萬仞山 (옥루금성 만인산)
風雲龍虎 生奇力 (풍운용호 생기력)
角羽宮商 動界林 (각우궁상 동계림)
密傳葱本 空三本 (밀전총본 공삼본)

옥같이 단단한 진터와 철벽같이 견고한 성곽이 높은 산 위에 축조되어 있고
풍운을 탄 용호가 기이한 힘을 내는도다.
궁상각치우 5음 6율이 경내에 진동하여
삼밀(三密)을 총본(葱本)에 전하니 삼본(三本)이 공허하도다.

1) 宮商角徵羽 : 동양 음악에서 다섯가지 음. 宮·商·角·徵·羽의 5音을 말함.
2) 6律 : 12율 중에서 陽聲에 속하는 여섯가지 소리. 太蔟(태주), 姑洗(고선), 黃鐘(황종), 夷則(이칙), 無射(무역), 蕤賓(유빈)
　*12律 : 음악의 6律과 6呂를 포함하여 12음계를 말함. 1律은 半音에 가까움. 6呂는 12율 중에서 陰聲에 딸린 여섯가지 소리. 大呂, 仲呂, 南呂, 應鐘, 林鐘, 夾鐘을 말함.
3) 三密 : 身密, 口密, 意密을 말함. 즉 몸, 입, 뜻의 세가지 비밀. 손에 印을 맺고 威儀를 힘쓰는 身

密과 眞言을 틀리지 않게 명확히 외우는 口密, 마음에 本尊을 觀하는 意密의 세 가지를 뜻함.

4) 三本 : 德本, 功本, 能本을 말함. 治亂의 세가지 根本. 곧 位에 있어서는 德, 祿에 있어서는 功, 직무에 있어서는 能이 있어야 한다는 것을 뜻함.

마루바닥은 우물마루로 전면 쪽은 창호를 내지 않고 개방되었으며 후면 쪽 퇴간열도 바깥쪽을 벽체로 막지 않고 마루도 깔지 않아 회랑식으로 트 여있다. 가구(架構)구조는 굴도리양식의 2고주 7량가의 전형적인 모습이며 공포는 주심도리 부분에 초익공(初翼工)을 둔 익공계(翼工系) 양식이다. 건 물 측면의 합각벽(合閣壁-팔작지붕에서 박공 아래가 막혀 형성되는 삼각형 공간) 은 박공(朴工-맞배지붕에서 경사진 두지붕이 만나 형성되는 측면공간)과 풍판(風 板-건물 측면을 비바람으로부터 보호하기 위해 설치한 판재)으로 구성되어 있고, 내부천정은 굵은 연목(椽木)이 노출된 연등천정이며 중앙 대량의 전.후면에 용문을, 측면 대량의 한쪽면에는 봉문을 그려넣은 것이 특징이다.

연무관 전경

(3) 침과정(沈戈亭)

위치와 유래를 살펴보면 침과정은 원래 침과정이라고 읽어야 하는데 현지역의 호칭대로 침괘정이라 한다. 현재의 건물은 산성로타리에서 서북쪽으로 700미터쯤의 해발고도 345미터 구릉지에 위치하고 있다. 이 건물은 『중정남한지』에 의하면 1624년(인조 2) 축성 책임자인 이서(李曙)가 숲속에서 찾아낸 옛 건물지로서 기둥과 초석, 온돌 흔적까지 있었다고 전하며 촌로들의 말에 따르면 백제온조왕의 왕궁지라는 설이 있으나 확실하지 않다.

침괘정의 명칭은 원래 1751년(영조 27) 광주유수겸 수어사였던 이기진(李箕鎭)이 이 곳을 중수하고 '枕戈亭'이란 편액을 달았던 데서 비롯되었으며 '枕戈'란 '창을 베개삼는다'는 뜻으로 한시라도 마음의 경계를 풀지 않고 병자호란의 치욕을 잊지 말자는 심정이 담겨진 말이다.

건물의 구조적 특징은 겹처마를 두른 팔작지붕 양식으로 정면 7칸, 측면 3칸의 규모이며 네모진 자연석 주춧돌 위에 주심포양식의 기둥을 세웠고 공포(栱包;枓栱)는 이출목(二出目) 익공(翼栱)양식을 취하고 있다. 남쪽 2칸을 제외한 나머지 방에 툇마루를 둘렀고 각 칸에는 2쪽 여닫이 격자문을 달았다. 또 천장은 우물천정 형태를 하였고 툇마루 아래에 2개의 아궁이를 내었다. 전해오는 전설에 따르면 침괘정 남쪽에 무기 제작소인 군기고(軍器庫)가

침괘정 전경

있었던 것으로 추정되며 벽에 명나라 사신이 난초와 용을 그렸다는 얘기도 전하고 있다. 현재 경기도 유형문화유산으로 지정되어 있다.

(4) 지수당(地水堂)

지수당(地水堂)은 『중정남한지』 누정편에 따르면 1672년(현종 13)에 부윤 이세화(李世華)가 건립했다고 한다. 건립당시에는 지수당을 중심으로 ㄷ자 모양의 3개의 연못이 있었다고 하나 현재는 2개의 연못만 남아 있다. 을축년(1925) 홍수때 매립된 것으로 보인다. 지수당 앞에 이세화 송덕비가 있다. 그리고 이후에 연못 중앙에 육각형 모양의 관어정(觀魚亭)이라는 정자를 1804년(순조 4) 유수 김재찬(金載瓚)이 지었다고 한다. 남학명(南鶴鳴)이 지은 「지수당기(地水堂記)」에 의하면 지수란 주역(周易)의 "백성을 용납하고 무리를 기른다"는 뜻을 취하여 물이 땅속에 있음을 의미한다. 관어정이란 제갈량이 못에 임하여 고기를 구경하는 뜻을 취하였는데 못에 임하여 방책(方策)을 결정하며 고기를 보고 적을 헤아려 위나라 군사를 방어했다는 고사에서 유래한다. 옛 선비들은 관어(觀魚)를 통해 군사전략을 짠다든지 은둔한 선비들이 물속을 유유히 헤엄치며 자유롭고 평안한 마음으로 자기 분수를 지키며 만족할 줄 아는 안분지족(安分知足)을 배우기도 했다.

건물구조는 방형 초석 위에 각주(角柱) 기둥을 세운 목조와가(木造瓦家)로 홑처마를 두른 팔작지붕으로 정면과 측면이 각각 3칸으로 되어 있으나 측면의 1칸은 반칸 크기로 되어 건물의 평면은 장방형 형태를 이루고 있다. 당의 마루는 우물 마루를 깔았고 주위에 30cm 높이의 난간을 두루고 난간 중앙을 터서 디딤돌을 놓아 출입하게 하였다. 천장 형태는 연등반자(천장 구조물)

와 우물반자를 겸하여 다소 호화롭게 보이며 기둥양식은 주심포 양식에 사각기둥을 사용한 것이 특징이다. 경기도 문화유산으로 지정되었다.

지수당과 연못

광주부윤 이세화 송덕비

(5) 종각터

　종각은 도성에서 종을 쳐서 백성들에게 시간을 알려주는 기능을 한 건물
인데 남한산성에도 종각이 건립되어 산성안이 사람들에게 시각을 알려줬던
것으로 판단된다. 현재 산성로터리에서 북문쪽으로 가는 갈림길의 동편에
있었으며 일제시기에도 백제장 음식점 주차장 일대에 종각건물이 남아있었
다고 한다. 종각은 동서남북 4대문과 행궁으로 통하는 중심 도로상의 교차
점에 위치하였으며 당시 6칸 규모의 건물과 대종이 걸려 있었다고 전한다.
종각에는 한 때 천흥사동종이 걸려있었다고 하나 현재 이 종은 국보280호
로 지정되어 국립중앙박물관에 수장되어 있다. 원래 천흥사동종은 '성거산
천흥사동종'으로 충남 천안시 성거읍 천흥사에 있었던 종이나 이유나 시기
를 정확히 알 수는 없으나 1910년에 남한산성 종각에 있었던 것을 이왕가
박물관(창경원 어원박물관)으로 수집, 진열되다가 1938년 덕수궁내 이왕가미
술관 소장이후 1969년 5월에 국립중앙박물관으로 귀속되었던 것이다.

천흥사 동종(국립중앙박물관 소장)

종각터(백제장 앞 주차장 추정)

3. 창고

창고시설은 행궁 및 관아의 생활필수품인 진상(進上)과 여러 가지 관수품을 비축하고 특히 군량을 보관하기 위하여 건립되었다. 대표적인 창고로 營庫(영고), 新·舊南倉(신·구남창), 新豊倉(신풍창), 別倉(별창), 東倉(동창), 新北倉(신북창), 舊北倉(구북창), 稅倉(수창), 僧倉(승창), 保障庫(보장고), 補餉庫(보향고), 補關庫(보관고), 城機庫(성기고), 軍器庫(군기고), 兵房所(병방소), 復戶所(복호소), 雇馬所(고마소), 助粮所(조량소), 環頭所(환두소) 등이 있다.

그 중 영고는 경영(京營)의 유영(留營)으로써 광주유수가 산성을 수비한 뒤에 붙여진 이름인데 각종 물품의 비축과 조적(糶糴-환곡), 지방(支放-지출) 및 수용(需用)의 역할을 담당한 창고로 금, 은, 포백 및 소금, 간장 등을 저장하였으며 모두 24字庫 201칸 규모의 큰 창고였다.

수창은 호조와 진휼청, 상평창의 곡물을 쌓아 두어 제향(祭享)과 진휼(賑恤)에 대비하기 위한 것이며, 승창은 수어사 이세백이 공명첩으로 모아 해마다 환곡으로 이자를 저축한 것으로 군향에 충당하였다. 보장고는 영고와 표리관계를 이루는 창고로 경청(京廳-수어청)의 호방소 창고의 이름을 따서

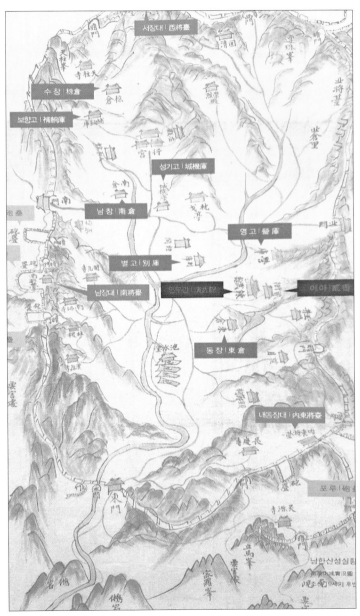

남한산성 창고 분포(『남한산성실황도』, 한국학중앙연구원 장서각 소장)

지은 것으로, 경청(수어청)의 각종 수입을 비축하여 지방(支放-지출), 배삭(排朔-월급), 저치(儲置-비축), 급대(給代) 등의 비용을 출납하였다. 보향고는 광주유수부의 수입, 지출을 관장하는 창고이며 주로 군관들의 생계비용을 출납하였고, 보관고는 군향곡을 옮겨 받아 이자를 받아 돈으로 바꿔 다른 창고로 이송하는 창고의 하나였다. 성기고는 성첩 및 관청의 수리에 들어가는 경비를 마련하기 위하여, 군기고는 군기물자의 비축을 위해서, 병방소는 각 지방 향승들의 의승방번전을 보관, 승군들에게 지급하기 위해 만들어진 창고이다.

그리고 복호소는 산성안에 거주하는 백성들을 진휼하기 위하여 국가에서 전결 1,000여 결의 세입을 저장, 관리하였으며, 고마소는 광주유수부에 사용할 말을 고용(雇用-구입)하기 위하여 800냥의 경비로 20필의 말을 준비하기 위하여, 조량소는 공사의 사역과 각종 세마(貰馬)를 위해 마련한 것이다. 현재는 연무관, 침과정 등 몇 개의 건물만 남아 있으며, 최근에 행궁터를 포함한 남한산성의 지표조사 결과 관아 및 창고유지가 조사되어 당시의 관아 경관을 엿볼 수 있다(토지박물관, 2000). 따라서 행궁 주변과 관아 및 창고를 중심으로 어느 정도의 관청거리[街路]가 형성되었음을 추정할 수 있다.

(1) 수창터

수창은 호조와 진휼청, 상평창의 곡물을 쌓아 두어 제향(祭享)과 진휼(賑恤)에 대비하기 위한 창고였다. 이 창고의 위치는 영남대 소장의 『남한산성도』에는 행궁 남쪽으로 표기되었으나 『해동지도』에서는 천주사 아래쪽으로 표기되고 있다. 지표조사의 결과 수창의 위치는 현재의 만해기념관 북쪽에서 산기슭까지 북동-남서방향으로 길게 평탄지가 조성되어 있으며 2미터 높이의 축대가 구축되어 있으며 밭주인 안영민씨의 말에 따르면 밭가운데 초석이 많이 박혀 있었고 선친으로부터 옛날의 쌀창고터라는 얘기를 많이 들었다고 한다. 조사에 의하면 평탄지에는 직경 1미터 내외의 초석이 일정한 간격으로 노출되었으며 건물은 동향이며 정면 10칸, 측면 3칸 규모로 파악되고 있어 산성내의 창고터로서는 가장 잘 남아있는 창고터라고 할 수 있다.

수창터(만해기념관 위쪽 추정)

수창터 초석

(2) 영고터

영고터 (남한산 초등학교 교정)

영고는 京營[수어청-필자 주]의 유영(留營)으로써 광주유수가 산성을 수비한 뒤에 붙여진 이름인데 각종 물품의 비축과 조적(糶糴-환곡), 지방(支放) 및 수용(需用)의 역할을 담당한 창고로 금, 은, 포백 및 소금, 간장 등을 저장하였으며 모두 24字庫 201칸 규모의 큰 창고였다.

영고의 위치는 영남대 소장의 『남한산성도』에 의하면 연무관 서편인 남한산 초등학교부지로 추정되며 1900년대의 사진을 보면 학교부지에 동서로 길쭉한 대형 창고건물이 남아있었으나 1912년 남한산 초등학교의 건립으로 철거된 것으로 보인다.

(3) 별창터

별창은 행궁의 운영에 필요한 물자를 보관하던 창고이다. 별창의 위치는 『해동지도』에 의하면 지수당의 남서쪽에 사직단과 남단사 사이로 내려오는 능선 말단부에 표기되어 있다. 이곳은 현재 함지박 식당의 뒷편 언덕으로 추정되는데 언덕 외곽부에 석축단의 일부가 남아있을 뿐이다.

(4) 군기고터

남한산성에는 군수물자를 보관하던 창고로 군기고가 건립되었는데 신·구 2개의 창고로 구분되어 있었다. 모두 유수영(留守營)에 속하나 경영(京營; 수어청)을 설치하였을 때에는 구고는 외영(外營)에 속하고 신고는 방영(防營)에 속하였다고 한다.

구군기고의 위치는 『중정남한지』에 따르면 침괘정 남쪽에 동서방향으로 초석이 남아있으며 신군기고의 위치는 영남대 소장의 남한산성도에는 숭렬전 앞쪽으로 표기되고 있으나 현재 정확한 위치는 추후 정밀조사를 요한다. 구군기고는 산성 축성 당시 1624년(인조 2)에 지어진 것으로 추정되나 신군기고는 1690년대 전후하여 신축된 것으로 추정된다.

군기고터 추정 (침괘정 남쪽 석축)

<집필자 : 조병로>

4. 사찰

(1) 승군 편성과 의승방번제(僧防防番錢制)의 시행

남한산성을 축성하고 방어하는데 승군의 역할이 크게 작용하였다. 『중정 남한지』 불우조(佛宇條)에 따르면 1624년(인조 2) 산성을 쌓을 때 승려 각성 (覺性)으로 하여금 팔도 도총섭(都摠攝)으로 삼아 전국 8도의 승군을 불러 모아 축성하게 하고 또 각 사찰에 명을 내려 8도에서 올라온 부역 승군의 공궤(供饋;음식제공)를 나누어 말도록 하여 이로써 각 사찰이 각도 의승의 입 번(立番)을 주관하게 하였던 데서 산성 수축과 방어를 위한 승군이 편성되 었음을 알 수 있다.

그리하여 승군은 산성에 거주하는 원거승(元居僧)과 의승(義僧)을 편성하 고 남한승영(南漢僧營)을 설치하여 지휘, 통솔하게 하였던 것이다. 이 군영은 산성 축성 이후 남한산성의 방어를 위해 수어청(守禦廳)에 소속되었다. 그리 고 성 안에는 9사(九寺)를 건립하여 의승군의 막사로 사용되었다.

망월사(望月寺)와 옥정사(玉井寺)는 예로부터 있던 절이었고, 개원사(開元 寺)·한흥사(漢興寺)·국청사(國淸寺)·장경사(長慶寺)·천주사(天柱寺)·동림사

(東林寺)·영원사(靈源寺) 등은 새롭게 창건한 절이다. 9사에는 무기와 화약이 비치되어 있었고, 개원사는 도총섭이 머무는 본부였으며, 나머지 절은 전국에서 온 승군의 숙소로 사용되었다.

이 승영의 구성은 『중정남한지』에 따르면 승군총섭 1인, 승중군(僧中軍) 1인, 교련관(敎鍊官) 1인, 초관(哨官) 3인, 기패관(旗牌官) 1인, 원거승군(原居僧軍) 138인과 의승(義僧) 356인으로 편제되어 있었다.

이들 승군은 아침저녁으로 예불 및 간경(看經)으로 국가의 평안을 기원하고, 낮에는 군모(軍帽)를 쓰고 군사훈련을 받으면서 유사시를 대비하였다. 1714년(숙종 40) 남한산성의 정원을 책정하고 전국의 각 절로부터 1년에 6번 방번승을 교체하도록 하는 의승입번제(義僧立番制)를 실시하였다. 이에 따라 경기도 14인, 충청도 28인, 강원도 14인, 황해도 4인, 전라도 136인, 경상도 160인 등 총 356인의 의승군을 파견, 교대로 상경하여 근무토록 규정하였으나, 의승입번제를 운영하는 데는 많은 폐단과 모순이 있었다.

이의 시정을 위하여 1756년(영조 32) 입번 대신에 일정 양의 돈을 대납하는 의승방번전제(義僧防番錢制)를 실시하였다. 그리하여 남한산성에서는 356명의 의승군에게 합계 13,054냥 정도의 방번전을 거둬 산성에 상주할 의승을 고용하여 수비하게 하도록 하였다. 각 군현에는 의승방번전의 액수가 배당되고, 이는 10월에 모두 납부하도록 하였다. 방번전의 수납 관리는 군현에서는 방번전을 거둬 병조에 보내고, 병조에서는 수납한 방번전을 수어청에 보내면 수어청에서는 1년 동안 6차로 나누어 도총섭에게 지급하도록 규정하였다.

그러나 의승 1인당 10냥~40냥의 번전은 능역(陵役)·성역(城役) 등 각종 잡역에 시달리고 있던 승려들을 더욱 고통스럽게 만들었다. 이에 1785년(정조 9) 의승방번전을 20냥으로 줄여 납부하도록 하였으며, 이것은 갑오경장 때까지 그대로 시행되었다.

남북한의승방번변통절목(개인소장)
※원문은 『國譯 備邊司謄錄』 130책, 영조32년(1756) 1월 12일자에 수록됨.

(2) 사찰의 건립과 기능

1) 망월사(望月寺)

망월사는 장경사 뒤 기슭에 있었던 망월암에서 유래되었는데, 남한산성 내에 있는 9개 사찰 중 가장 역사가 오래된 절로써 동장대 구간을 수비하였다. 『중정남한지』에 의하면 조선 태조 이성계가 한양에 도읍을 정할 때 한양의 장의사(壯義寺)를 허물고 그곳의 불상과 금자화엄경(金字華嚴經), 그리고 금정(金鼎) 1좌(座)를 이곳으로 옮겨 창건하였다고 전한다. 이곳은 산성 동문(東門)에서 북으로 난 소로(小路)를 따라 200m 정도 올라가 장경사(長慶寺)와 갈라지는 길에서 왼쪽으로 접어들어 100m 정도 산으로 올라간 곳에 위치한다. 산지를 이용하여 절을 지었으므로 곳곳에 쌓아놓은 축대가 남아 있다.

간략한 현대식 건물로 지어놓았던 법당 자리는 원래 망월사 주 전각지(殿閣址)였고, 그밖에 주위의 부속 전각 자리들은 모두 밭으로 경작되었다. 이곳에 남아 있는 옛 망월사의 유구(遺構)는 법당지 등을 마련하기 위해 쌓은 축대와 현 법당으로 올라가는 계단에 이용한 장대석, 그리고 초석(礎石)이 몇 개 있을 뿐이다. 그리고 법당 북서쪽 산 아래에는 자연암석을 그대로 이용한, 지름 167㎝의 대형 맷돌이 남아 있는데, 이곳이 원래 고루지(庫樓址)였음을 알게 해준다. 그 외 전각지를 밭으로 경작하던 중 많은 와편과 화살촉·동전 등이 발견되었다. 망월사지는 1989년 동국대학교박물관에 의해 발굴되었는데, 그 후 이 자리에 많은 전각을 세워 복원불사를 일으켜 완전히 면모가 일신되어 옛 영광을 되찾았다.

복원된 망월사 전경

2) 옥정사터(玉井寺址)

옥정사는 『증정남한지』에 따르면 북문안 남쪽 기슭에 있는데 뒤에 큰 우물이 있어 큰 가뭄에도 마르지 않기 때문에 이름지었다고 전한다. 현재는 유구와 주춧돌만 남아 있다. 옥정사터는 북문에서 동쪽으로 737미터 지점의 해발 400미터에 위치하고 있으며 터가 있는 곳은 곡저부 완경사를 이루는 비교적 평탄한 지형에 조성되었다. 옥정사는 망월사와 함께 신라때부터 있었던 고찰이라고 전하나 사찰의 규모에 대해서는 자세히 알 수 없다. 지금은 터 주변에 초석으로 보이는 돌이 일부 노출되어 있으며 북서쪽에 커다란 맷돌이 놓여 있고 그 옆에 우물이 있을 정도이다. 옥정사 역시 승군들이 숙식하며 북문 구간을 방어하였다.

옥정사터 사진

3) 개원사(開元寺)

남한산성 동문에 있었던 남한총섭이 있던 오규정소(五糾正所)의 하나인 사찰이며 창건연대 및 창건자는 미상이나, 남한총섭(南漢總攝)이 있던 오규정소의 하나로서, 군기(軍器)·화약·승병이 집결한 사찰이었다. 이 절에 관한 역사는 『중정남한지』에 간략히 언급되어 있다. 이에 따르면 1637년(인조 15) 대장경을 실은 배가 서호(西湖)에 닿았는데, 사람은 없고 그 함 위에 '중원개원사간(中原開元寺刊)'이라고 쓰인 책함만 있었다. 그를 전해들은 인조는 전국에서 개원사라는 이름의 절을 찾아 봉안하도록 함으로써, 대장경을 금란보(金襴褓) 열 벌로 싸서 당시 유일의 개원사였던 이 절에 봉안하였다.

1636년에는 숭은전(崇恩殿)에 봉안하였던 원종의 영정을 이곳으로 옮겨 봉안하였다가, 병자호란이 끝난 이듬해에 다시 숭은전으로 옮겼다. 이 절에 관한 기록과 폐사 연대 등은 전해지지 않고 있다. 1666년(현종 7) 이 절의 화약고에서 불이 일어나 불길이 매우 심하였으나, 갑자기 바람이 반대로 불어 대장경은 타지 않았다고 한다. 1694년 겨울에도 불이 나서 5칸 누각이 전소될 위기에 있으나 많은 비가 내려 불이 꺼져, 누각 안에 봉안되어 있던 대장경과 무기들은 화재를 면하였다.

복원된 개원사 입구(좌)와 대각전 전경(우)

또 1970년 화재로 대부분의 건물이 불타버렸다. 선효화상이 신도와 함께 10여년에 걸쳐 건물을 새로 지어 현재 일주문을 비롯하여 대각전과 불심각, 화현전 등 요사를 갖추게 되었다. 개원사지는 1989년 경기도 기념물로 지정되었다.

4) 한흥사터(漢興寺址)

한흥사는 개원사 동쪽에 건립되었는데 현재 사찰의 모습은 볼 수 없고 다만 절터만 남아있다. 한흥(漢興)이란 명칭은 각성 대사가 절 이름을 지을 때 '우리가 영원히 흥할 수 밖에 없는 나라'임을 청나라 군사들에게 알리고자 한흥이라고 지었다는 애기가 전해지고 있으며 한편으로 중국 명나라와 사대교린에 의한 외교관계를 맺고 있었기 때문에 명나라가 다시 흥하기를 기원하는 뜻에서 비롯되었다는 생각해 볼 수도 있다.

한흥사터 발굴 건물 석축 배치

한흥사터 발굴 전경(사찰공간(불전,누각터)과 군영공간(무기고,군포터,창고터)

한흥사터 석축

한흥사의 입지조건을 보면 남쪽 능선에서 뻗어내려온 두 능선 사이의 경사가 완만한 곳에 구축되었고 반면에 후면의 경사는 급해 남단사에 비교해 볼 때 지형이 음습하고 북동향의 전 방 시계는 경사가 급한 망월봉의 남쪽 능선을 가로막고 있어 답답한 느낌을 주고 있다. 경기문화재단의『남한산성 한흥사지 발굴조사보고서』에 따르면 한흥사지는 조선시대 건물지 13동, 축대 10기 외에 맷돌 등이 발굴되었는데 그 중에서 사지는 불전과 누각건물이 있는 사찰공간과 군기고·창고·군포지가 있는 군영공간으로 결합된 배치구조를 이루고 있음이 밝혀졌다.

한편,『인조실록』의 기록에 의하면 병자호란 당시 1636년(인조 14) 12월에 "성안이 오래도록 포위되어 공어(供御-임금에게 물건 바침)하는 물자가 모두 부족하였는데, 한흥사(漢興寺) 승려 희안(希安)이 백지(白紙) 40권, 산채와 나복채 한 가마니씩을 바쳤다. 종이는 비국에 하사하여 일용에 쓰게 하고 나물은 왕자·대신·부마에게 나누어 주라고 명하였다."는 기록으로 보아 한흥사 승려들이 종이 등을 제조하여 납부하였음을 알 수 있다. 이와 같은 한흥사는 1907년 8월 일제에 의해 성내의 사찰과 함께 폭파되어 현재는 절터만 남아 있어 호국사찰로서의 위상을 절감하게 한다.

5) 국청사(國淸寺)

광주시 남한산성면 남한산성에 있는 조선후기 선승 각성이 창건한 사찰로 유명하다. 1625년(인조 3)에 각성(覺性)을 팔도도총섭총절제중군주장(八道都摠攝總節制中軍主將)에 임명하고, 팔도의 승군을 동원하여 남한산성의 축조를 담당하게 할 때 7개의 사찰을 창건하였는데 그 중의 하나가 국청사이다.

승군의 숙식과 훈련을 담당하여 외적의 침입에 대비하고, 비밀리에 군기(軍器)와 화약·군량미 등을 비축하였던 사찰이다. 그 뒤 한말에 의병의 군기

창고로 사용되다가 비밀이 누설되자 일본군이 불태워서 절터만 남아있던 것을 1968년에 보운(普運)이 중창하여 오늘에 이르고 있다.

성삼문(成三問)의 친필이라고 전하는 병풍 1점과 송시열(宋時烈)의 친필책자 3권이 전해오고 있다. 절 근처에는 국청사정(國淸寺井)이라고 하는 조그만 우물이 있는데, 금닭이 나와 홰를 치며 울었다는 전설이 있다.

국청사 대웅전

6) 장경사 (長慶寺)

남한산성 동문쪽에서 동북쪽으로 약 350~400미터 거리의 산 중턱에 위치하고 있다. 1624년(인조 2) 산성 수축시 승군의 숙식과 군사훈련을 위해

장경사 전경

창건하였다고 하며, 1637년(인조 15) 1월 병자호란 당시 적병이 동쪽 성을 침범하여 함몰 위기에 빠지자 어영별장 이기축이 장경사에서 죽을 힘을 다하여 독전하였다고 전한다. 1983년 경기도 문화재자료 제15호로 지정되었다. 대한불교조계종 직할교구 본사인 조계사(曹溪寺)의 말사이다. 남한산성 축성 때 팔도의 역승(役僧)들의 숙식을 위하여 창건한 사찰로, 그 당시에 있던 9개 사찰 중 지금까지 남아 있는 유일한 사찰이다.

축성 당시 나라에서는 각성(覺性)을 도총섭(都摠攝)으로 삼고 전국의 승려를 번갈아 징집하여 사역(使役)을 돕게 하였으며, 효종이 북벌(北伐)을 계획하였을 때에는 이 절에 총섭을 두어 승군(僧軍)을 훈련시키는 한편, 성내의 8개 사찰뿐 아니라 전국의 승군을 지휘하는 국방사찰(國防寺刹)의 소임을 담당하였다. 그 뒤 고종 때까지 250년 동안 북한산성과 함께 남한산성에도 전국에서 뽑은 270명의 승려들로 교체하면서 항상 번승(番僧)을 상주입번(常駐立番)하게 하였다. 이는 조선시대 승병들의 국방활동의 일면을 보여주는 좋은 예가 되고 있다. 건물로는 동향한 정면 3칸의 대웅전을 비롯하여 진남루(鎭南樓)·칠성각·대방(大房)·요사채 2채 등이 있다. 그 중 가장 화려한 대웅전은 겹처마를 두른 팔작지붕과 다포양식의 정면 3칸, 측면 3칸의 건물양식을 보여주고 있다. 9개의 사찰 모두가 1907년 일제의 군대해산령에 의해 무기고, 화약고 등이 파괴될 때 다른 사찰에 비해 피해를 가장 적게 당하였으나 1975년 화재로 소실되었다가 다시 중창하여 오늘날의 모습을 간직하고 있다. 『광주군지』에 전하는 전설에 따르면 "옛날 검단선사라는 도인이 한 소년의 병을 치료해 주기 위해 도술을 써서 묘향산에 들어가 약재를 구하여 소년과 만나기로 한 장소에 와서 기다렸으나 끝내 소년이 나타나지 않았다고 한다. 그 소년은 모친이 죽자 크게 상심한 나머지 사라져 버렸기 때문에 훗날 검단선사가 그 자리에 장경사라는 절을 지었다"고 전한다.

7) 천주사터(天柱寺址)

천주사는 해발 462미터에 위치하고 있는 천주봉에서 북동쪽으로 70미터 쯤에 건립된 사찰로 1624년(인조 2) 산성 축성이후 각성 도총섭의 지휘아래 8도의 승군을 징집하여 승군의 숙식과 훈련을 위해 건립되어 군막사찰로서의 역할을 하였다. 1907년 일제의 군대해산령에 의해 다른 사찰과 마찬가지로 폭파되어 천주사도 사라지고 터만 남게 되었다. 『증정남한지』에 따르면 서장대아래에 위치하여 누(樓) 앞에는 연못이 있다는 기록은 있으나 찾을 길이 없고 다만 주춧돌과 돌 절구만 남아 있다. '天柱'라는 절 이름은 청나라가 아무리 강해도 하늘을 떠받치고 있는 부처님의 가호가 있는 한 조금도 두려워할 것이 민족 자존의 기상이 서려 있다고 해도 과언이 아니다.

현재 절터는 곡저부의 남사면과 동사면에 걸쳐 형성된 넓은 평탄지에 조성되었으며 여러 곳에 초석이 노출되어 있고 예전에 있었던 휴게시설 앞에는 화강암을 다듬어 만든 맷돌 한 짝이 놓여 있다. 조선후기 영의정을 지낸 김육(金堉)의 손자인 김석주(金錫冑)가 천주사에 오르며 남긴 시를 감상해 보자(식암유고『息庵遺稿』권 5).

천고의 온조왕 자취가 묘연하며
백등산(白登山)의 수치심에 눈물의 흔적이로다
산승은 흥망의 일에 관계하지 않고 홀로
창문향하여 연화경을 공부하네.

*백등산의 수치:한 고조가 흉노족의 반격에 백등산에 고립되었던 고사(古事)에서 유래.

천주사터 전경

8) 동림사터(東林寺址)

동림사는 동장대지에서 서북쪽으로 420여미터 거리에 해발 465미터 지점에 위치하고 있는데, 9개의 사찰 중에서 가장 해발고도가 높은 곳으로 봉암 서쪽 편에 있다. 『중정남한지』에 의하면 1686(숙종12)에 부윤 윤지선(尹趾善)이 외성의 하나인 봉암성을 신축하고 방어하기 위하여 건립한 것으로 추정되며, 현재는 터만 남아있고 주변에 초석과 축대, 우물, 맷돌 등이 남아있다. 지표조사 한 바에 따르면 사찰터는 밭으로 경작되고 있으며 곳곳에 초석과 와편, 자기편 들이 산재되어 있다. 또 사찰지역에는 높이 3미터 정도의 석축단의 2군데 설치되어 남-북 길이 100미터, 동서폭 30미터 정도의 평탄지로 구획되어 있음을 볼 수 있다.

동림사터 석축

9) 남단사터(南壇寺址)

　남단사는 남장대에서 북동쪽으로 230여미터 지점의 해발 397미터 지점에 위치하고 있는데 개원사보다 해발고도가 80여 미터 높아서 남장대에서 접근하기가 편하다. 남단사는 남장대를 중심으로 남옹성과 남한산성 동남쪽을 방어하기 위하여 건립된 사찰이다. 1907년 군대해산령에 의해 철저히 파괴된 것으로 보인다. 남단사터의 지표조사에 따르면 위치적으로 전방의 시야가 확트여 북쪽 성벽의 남사면 일대가 잘 조망되며 산사면의 완경사를 따라 축대를 쌓고 10여 미터 정도의 평탄지를 조성, 일정한 간격으로 초석이 배열되어 있으며, 14×10.6m 규모의 대웅전 건물지와 와편이 많이 발견되고 있다. 최근 까지 경작지로 이용되었으며 절터 중간 부분에 우물 1개소, 남동쪽 외곽에 화강암으로 만든 맷돌이 한짝 놓여 있다.

남단사터 전경

10) 영원사터(靈源寺址)

영원사는 봉암성에서 15암문을 통과하여 봉암성 성벽을 따라 약 440여
미터 내려가면 해발 380여미터 지점에 16암문이 있는데 이 16암문에서 남
쪽으로 200여미터, 큰골 굿당에서 동쪽으로 140여미터 거리에 위치하고 있
다. 9개 사찰외에 가장 늦게 창건된 사찰로 추정되며 아마도 한봉성을 수
어하기 위해 세운 것으로 보인다. 한봉 외성이 1693년(숙종 19)에 시축된 것
으로 보아 17세기 중엽에 건립된 것으로 추정되나 실제로는 18세기 중엽에
편찬된『해동지도』에 표기되지 않은 것으로 보아 아마도 영원사는 1739년
(영조 15) 한봉성 개축이후에 지어진 사찰로 추정된다.

현재 절터 주변은 꿩사육장으로 변모하였으며 주변에서 축대와 와편 등
이 노출되고있어 님한산성 수어를 위한 호국 사찰로서 큰 역할을 담당하였
음을 알 수 있다.

영원사터 전경

<집필자 : 조병로>

5. 금석문

금석문이란 금속이나 돌로 만든 여러 유물에 새겨진 글자[銘文]를 말한다. 대부분 금문과 석문으로 나뉘는데 금문은 금속제의 용기나 악기·무기·화폐·인장이나 조상(造像)과 범종 등에 새겨진 문자이며 석문은 돌로 만든비석이나 묘지(墓誌) 등에 문자를 말한다. 여기서는 주로 돌에 새겨진 석문을 중심으로 살펴보고자 한다. 남한산성에는 축성과 관련되거나 광주유수또는 수어사를 역임한 사람의 덕을 기리기 위해서 새겨진 많은 송덕비 등금석문이 남아 있다.

(1) 축성과 관련된 금석문

1) 봉암신성 비문

먼저 축성 사실을 전해주는 금석문으로는 봉암(벌봉)에 성을 쌓았다는 사실을 전해주는 이른바 봉암성 신축비가 있다.

봉암 전경

봉암 뒷면 비문 일부

　이 비문은 벌봉 뒤쪽에 아주 흐리게 새겨져 있어 일반인들이 판독하기에는 다소 무리가 있다. 그러나 이를 탁본하여 정밀 판독해 보면 대체적으로 아래와 같다. 이를 해석해보면 봉암성은 남한외성의 하나라고 알고 있지만 이 비문에 따르면 '봉암신성'이라 표기하고 있음을 볼 수 있다. 그리고 축성 시기는 병인년(숙종 12년, 1686) 윤 4월 1일에 성역을 시작하여 같은 해 5월

비문 판독

蜂岩新城丙寅	潤四月初一日始	役同年五月初	九日畢役	守禦使尹	都本所右別將	共時	一所將前府使表	二所將前郡守安	城圻向時	成俊等	石之元

초9일에 끝마쳤으며, 당시 수어사는 尹某 즉, 윤지선(尹趾善)임을 추정할 수 있고 축성 장소를 두 곳으로 나누어 한 곳은 전 부사였던 표 아무개, 또 다른 곳은 전 군수 안 아무개였음을 알 수 있다. 그 외에 장인들의 이름도 보이고 있다. 여기서 주목할 것은 청나라의 연호를 쓰지 않고 '丙寅'이라는 간지를 썼다는 점에서 민족의 자주성을 보게 된다.

2) 남장대옹성 무인비문

남장대 제2옹성 홍예문과 포루

남장대 제2옹성 개축비

비문 판독

泥匠金乞屎等七	冶匠李己嘆等二	石手辺手姜福等十三	木手辺首梁男等*七四		戊寅 七月 日			前部將金義龍	前司果慶以孝	監役官前部將金明律	驤衛司果宋孝祥	領將禦悔將軍行龍	府事崔晚得	別將折衝將軍僉知中樞	尹兼防禦使洪琢	都廳通政大夫守廣州府

* 寸 : 等의 古語

이 비문을 풀이해보면 축성 총감독관(都廳)은 광주부윤겸 방어사였던 홍전(洪琢)이며, 별장(別將)은 절충장군(折衝將軍) 첨지중추부사(僉知中樞府

事) 최만득(崔晩得), 영장(領將)은 어모장군(禦侮將軍) 행용양위사과(行龍驤衛司果) 송효상(宋孝祥)이며, 감역관(監役官)은 전 부장 김명률(金明律), 전 사과 경이효(慶以孝), 전 부장 김의룡(金義龍)으로 도청-별장-영장-감역관 지휘체계로 성역이 이뤄지고 있음을 볼 수 있다. 완공 시기는 무인(인조16:1638) 7월 일이며 성역에 종사한 장인들은 목수 74명. 석수 13명, 야장(冶匠)2명, 이장(泥匠) 7명 합계 96명이 동원되었음을 알 수 있다.

3) 병암 남성신수기비문

이 비문은 수어장대와 서문 사이 중간쯤에 있는 병암에 새겨진 것으로 원문은 홍경모의 『중정남한지』8권 하편에도 수록되어 있다.

「남성신수기」가 새겨진 병암

通政大夫守廣州府尹□□□□兼京畿右防禦使李明中書	文館大提學知成均館事奎章閣提學徐命膺記	報國崇祿大夫行判中樞府使兼弘文館提學藝	今數也數其可違乎召工治石屬命爲之記	走告府府尹曰此始築時記功者留其一以待	巖於城西其上有天啓月日刻餘皆漫록不辨乃	隤焜罹皆聖上威德致之也功旣訖役者得二	堞綿亘三十里帳列惟布石堅金固將臺門樓丹	女負灰載甓爭相其役首尾五十有餘日屹屹粉	鼓咎鼓不勝城中父老爲酒豪拘相與勞之稚童幼	各記姓名於垜面堅完則賞否則有罪衆皆賈勇	德雨朴尙蓍孫錫福金翊壽分掌垜堞以繕以築	李仁喆金熙人韓光聖李復亨李仁本李碩曾延	亨李東赫黄道明任天杓鄭龍彬李仁宅李孝章	京畿執事也乃選諸校爲十八牌將鄭光奎金時	李時範是南城執事唷官而顯一松坡別將鄭世	曹漢光安國泰任甓灰之搬運則李顯一李運大	秦光佑廉安漢維梁宗浩也其供甓之薪㸑則	權興樞李碩臣也燔灰者鄭德纘韓載範朴相豊	李彦植爲都監官燔甓者楊德世安漢維石致珹	讀兵房軍官金樂愼爲內外都廳教鍊官韓光賢	董其事留營別將黄仁爀課其功戶房軍官柳德	九百石於是臣命膺令前營將廣州府尹李明中	一萬緡若益之以九百石米可修也上乃許以	日有貲乎臣命膺對曰原任守禦使洪國榮峙錢	漢國之保障也垜堞剝缺今無一完請修之上	我聖上三載己亥春守禦使臣徐命膺奏曰南	南城新修記

위의 비문을 분석해본 결과 산성의 수축 시기는 1779년(정조 3) 봄부터 6월 18일까지 약 50여 일 걸렸으며, 수축한 이유는 나라의 보장인 남한산성의 타첩(垜堞;성가퀴)이 떨어지고 무너져(剝缺) 완전한 곳이 하나도 없기 때문에 전 수어사 홍국영이 모아놓은 1만 냥과 900석의 쌀을 재원으로 삼아 재수축한 것이다. 성역의 감독 체계는 감독관-지휘관-내외도청(都廳)-도감관(都監官)-번벽관(燔甓官;벽돌)-번회관(燔灰官;회)-신유관(薪㸑官;땔감)-반운관(搬運官;운송)-18 패장(牌將)으로 이뤄졌으며 총 30리 규모의 성곽을 수리하였음을 알 수 있다. 이것을 기념하기 위해 당시 수어사였던 서명응(徐命膺)이 짓고 광주부윤이었던 이명중(李明中) 썼던 것이다. 당시 성역 지휘를

맡았던 사람의 직책과 실명을 바위에 기록할 정도로 축성에 얼마나 많은 공력을 들였던가를 실감할 수 있다.

(2) 송덕비

송덕비란 조선시대 지방 통치를 담당했던 목민관 즉, 수령들이 '수령칠사(守令七事)'에 의거하여 지방 행정을 수행하면서 백성들에게 교화와 세금 감면이나 구휼(救恤)등의 선정(善政)을 베풀어서 백성들이 수령들의 공덕을 기리고자 세운 일종의 선정비를 말한다. 이외에 비의 명칭은 유애비(遺愛碑), 불망비(不忘碑) 거사비(去思碑) 등으로도 불리었다.

남한산성의 송덕비 대상자는 대부분 광주목사나 부윤 그리고 유수를 지낸 분으로서 당대의 권세가들이며 중앙 요직으로 승진하는 인물들이 많았다. 현재 광주지방 수령들의 선정비 분포를 보면 가락동시장역 3번출구 비석공원에 있는 11기와 남한산성내 남문 주변에 있는 송덕비, 그리고 옛 행궁 주변에 있다가 남문 아래 비석거리군에 이설한 비석군 32기 그리고 검복리 3기 등 많은 송덕비가 남아 있다.

남한산성 송덕비의 특징에 대해 이난영의 연구를 요약해 보면 첫째, 광주목사, 부윤, 유수의 지방관 파견에 따라 송덕비가 건립되었으며 광주유수 파견시기에는 수어사를 겸직하는 것으로 나타나고 있어 광주의 지방수령 부임의 변천사를 엿볼 수 있다. 둘째, 건립시기를 보면 인조, 효종 때와 헌종, 철종, 고종시기에 비교적 많이 건립되었으며 1684년(숙종 10)과 1766년(영조 42)에 선정비 금지령이 내려졌음에도 불구하고 이지연, 정시선, 이재원의 경우에는 선정비기 2~3개씩 건립되기도 하였다.

셋째, 건립자의 신분을 보면 무사청(武士廳), 초관청(哨官廳), 서리청(書吏廳)외에 집사(執事), 별파진(別破陣), 서리(書吏), 순뢰(巡牢)와 승도(僧徒)들이 주류를 이루고 있으며 건립 이유는 산성 축성과 방어, 환곡 탕감과 재해(災害)로 인한 조세 감면, 신포전(身布錢) 탕감과 관련한 구휼(救恤)을 중심으로 수령의 청덕(淸德)과 애민(愛民)을 정신을 칭송하는 내용이 대부분이다.

넷째 구조와 형태를 보면 먼저 1층 기단을 쌓고 그 위에 사각형의 받침대에 비신을 세워 전면에는 관직과 성명 그리고 '청덕 애민' 또는 선정비(거사비 등)라 쓰고, 뒷면에는 건립 시기와 건립자를 적었다. 비신의 형태는 직사각형이나 상단을 반원형으로 하거나 또는 8작 지붕의 덮개를 씌운 모양을 취하고 있다.

남문아래 송덕비 비석군

한편, 송덕비가 암벽위에 새겨진 것도 있다. 1779년(정조 3) 남한산성을 대대적으로 보수담당자였던 수어사 서명응과 광주유수 이명중의 송덕비가 그것이다.

비의 위치는 옛 영춘정(迎春亭)으로부터 남문방향 약 50m 지점 바위에 있으며, 비문의 구조는 상·하단으로 나누어 상단에는 비의 건립시기를 알 수 있는은 "崇禎紀元後 三己亥 十月 日 刻" 이라 새겨져 있는데, 1779년(정조 3)에 해당된다. 하단에는 우측에 '守禦使 徐命膺 愛恤軍民 永世不忘'. 중앙에는 '府尹 洪候益弼 愛恤校民 永世不忘'. 왼쪽에는 '府尹 李候明中 愛恤校民 永世不忘'이라는 내용이 적혀 있었다.

서명응은 정조 3년 당시 수어사로서 남한산성 증축에 결정적인 역할을 하여 정조시기 왕권강화와 국방력 증강에 노력한 인물로 이조판서와 대제학을 지낸 인물이며 특히 그는 북학파의 이용후생의 사상적 기반을 형성하였으며, 서호수(徐浩修)·서유구(徐有榘)를 거쳐 정조시대 농업중심의 이용후생 학문을 크게 떨친 학자요, 정치가였다. 홍익필은 1779년(정조 1) 9월 ~ 1778년(정조 2) 8월까지 광주부윤을 지낸 인물이나 그의 자세한 정치적 내력에 대해서는 잘 알 수 없다. 이명중은 홍익필의 뒤를 이어 1778년(정조 2) 8월부터 1779년(정조 3) 6월까지 복설된 광주부윤을 역임한 인물로 영의정 김재로(金在魯)의 사위이다. 1779년(정조 3) 남한산성 증축당시 광주부윤을 맡으면서 병암에 있는 남성신수기비문을 쓴 사람으로도 유명하다.

이 불망비의 특징은 첫째, 다른 송덕비와 달리 자연석 위에 새겼다는 점, 둘째, 하나의 암벽에 3명의 불망비를 같이 새겼다는 점, 셋째, 애휼군민(愛恤軍民),애휼교민(愛恤校民) 등에 나타난 바와 같이 송덕의 뜻이 군민과 교민을 각각 나타내주고 있다는 점이다. 산성보수에 노고가 많은 일반 백성과 군인 및 하급관리들에 대한 배려를 느낄 수 있다.

서명응 홍익필 이명중 불망비

(3) 옥천정터(玉泉亭址) 암각문

　옥천정터는 1817년(순조 17)에 광주유수겸 수어사였던 심상규(沈象奎; 1766~1838)가 지은 정자가 있었던 곳으로 좌전에서 북서쪽으로 약 100미터쯤의 계곡에 있다. 당시 광주유수였던 심상규는 1817년을 맞이하여 병자호란 때를 회고하며 행궁 상궐 옆에 좌승당(坐勝堂)을 건립하였는데, 옥천정터 주변의 암석에 '玉泉亭歲丁丑作'이라고 새겨진 것으로 보아 丁丑年 즉, 순조 17년에 좌승당과 함께 건립되었을 것으로 추정된다. 행궁 주변에는 산성 축성 이후 많은 누정(樓亭)을 지었는데, 완대정(緩帶亭), 우희정(又喜亭), 이위정(以威亭), 이명정(以明亭) 등을 지어서 병자호란때 출성 항복과 삼배구고두 (三拜九叩頭)의 예를 행하였던 통한을 씻고 활시위 당기면서 절치부심하는 옛 선비들의 상무(尚武) 정신을 다시금 느끼게 하는 문화유산이다.

그런데 옥천정 주변 암벽에는 선비들의 시정(詩情)을 느낄 수 있는 시와 제액(題額)들이 새겨져 있어 옥천정 주변의 풍광이 어떠했는지 엿볼수 있다.

옥천정 암각문

古松奇石閟雲扃(고송기석비운경)
오래된 소나무 기이한 바위구름 속에 가리워

訶護千年賴地靈(가호천년뢰지령)
천년세월 신령의 가호를 받았구나

他日欲尋聞夢處(타일욕심문몽처)
훗날 한가로이 잠잘 곳 찾거든

冷然秋水玉泉亭(영연추수옥천정)
시원한 가을 물결 이는 옥천정이로다

斗室居士 題(두실거사 제)
두실 거사 심상규가 짓다

玉泉亭次韻(옥천정차운)

玉泉流石動仙扃(옥천류석동선경)
옥천이 바위로 흘러 선경을 움직이는데

地僻千年隱巨靈(지벽천년은거령)
땅 궁벽해 천년동안 큰 신령을 숨겼구나

多謝沈公眞識趣(다사심공진식취)
심공의 진정한 뜻 고맙기도 해라

淸凉移立洞天亭(청량이립동천정)
청량산에 동천의 정자 옮겨 세웠네

歲癸丑仲夏 徐相朝 題(세계축중하 서상조 제)
계축년(1853;철종4) 중하에 서상조가 짓다

이 시는 서상조가 심상규의 옥천정 시에 차운하여 시를 새긴 것임.

斗室相公閟此扃(두실상공비차경)
두실 상공이 이곳에서 은거하여 살았으니

蒼松老石有仙靈(창송노석유선영)

푸른소나무 늙은 바위에 신령이 있었네

如今口識冷然意(여금구식령연의)

이제 영연대의 뜻을 알고자하여

天畔飛山又一亭(천반비산우일정)

하늘가 나는 듯한 산에 또 하나의 정자 세웠네

丁丑 湍湯 石沈 題(정축 단탕 석심 제)

※ 沈象奎(1766;영조42~1838;헌종4); 청송 심씨로서 호는 斗室. 규장각직제학을 지낸 沈 念祖의 아들. 알성문과에 급제한 이후 교서관 정자를 거쳐 웅천현감·이조참관·호조 참판·전라도관찰사와 예조판서·이조판서·공조판서와 우의정을 역임한 경화사족(京 華士族)으로서 정조의 신임을 받아 이용후생의 학문을 실현하려고 노력하였다. 그는 유명한 『만기요람(萬機要覽)』을 편찬하여 국방과 재정에 관한 임금의 국정편람에 활 용토록 하였다.

※ 跋雲石(기운석);걸터앉아 머무른 구름을 바라본다는 뜻

기운석 암각문

풍애폭(楓靄瀑) 석범(石帆) 書

※ 석범(石帆) : 조선후기 서화가인 이건필(李建弼). 1846 진사시험 합격 후 평안도 청북 암행어사, 의주부윤, 형조참판 역임. 서예, 그림에 능한 인물.

옥천정 석벽에 새겨진 제액

坐看雲起(좌간운기); "앉아서 구름이 일어나는 것을 본다"의 뜻. 왕유(王維)의 '종남별업(終南別業)'에서 유래. 즉 "行到水窮處 坐看雲 起時(행도수궁처 좌간운기시- 가다가 물이 끝나는 곳에 이르러 앉아서 구름이 일어나는 것을 본다)."

歌薇逕(가미경); "채미곡(采薇曲)을 부르며 걷는 길"의 뜻.. 채미곡—고사리를
캐면서 부르는 노래, 곧 절의지사(節義之士)의 노래. 유래--고
죽국의 왕자 백이와 숙제는 주나라의 곡식을 먹지 않겠다며
수양산에 들어가 고사리를 캐며 먹고 살다가 굶어 죽기전에
지은 노래가 곧 채미가임.

"等彼西山兮 采其薇矣(등피서산혜 채기미의 - 저 서산에 올라 고사리
를 캔다) 以暴易暴兮 不知其罪矣(이폭역폭혜 부지기죄의 - 포악함으
로 포악함을 바꿈이여 그죄를 모르는구나) 神農虞夏忽焉沒兮 安適
歸矣(신농우하홀언몰혜 안적귀의 - 神農 虞夏의 시대가 홀연히 지나갔
으니 어디로 돌아갈 것인가) 吁嗟 徂兮 命之衰矣(우차 조혜 명지쇠의
- 오호라, 가야겠구나 천명이 쇠했구나)

※ 淸凉瀑(청량폭);맑고 시원한 폭포의 뜻. 또는 청량산의 폭포
※洞壑笙籥(동학생약);골짜기에서 생황과 피리를 분다는 뜻
※ 秋水潭(추수담); 가을 물이 흘러내리는 못의 뜻. 이외에도 淸凉洞天(청량동천) 등의
글씨가 새겨져 있다.

(4) 반석(磐石)

행궁 상궐 뒤편 바위에 새겨진 것으로 병자호란 당시 누란의 위기에 처한
종묘와 사직 그리고 나라를 후세사람들이 반석처럼 튼튼히 지켜야한다는
뜻으로 생각된다.

반석(磐石) 암각문

(5)기해주필(己亥駐蹕)

1779년(정조 3) 3월에 정조 임금이 효종의 영릉(寧陵)을 참배하기 위하여 남한행궁에 들러 가는 도중에 동문 밖 시냇가에 우뚝 솟은 바위에서 잠시 휴식한 것을 기념하기 위해 당시 광주유수겸수어사였던 김종수(金鍾秀;1728~1799)가 쓴 것. 주필(駐蹕)이란 임금이 거둥하는 중간에 어가를 세워 머무는 것을 말하며 또한 임시행궁이나 역참 등에서 수라를 드시기 위해 잠시 쉬는 것을 주정(晝停)이라고 한다.

기해주필(己亥駐蹕 守禦使 臣 金鍾秀奉敎書)

(6) 수어서대(守禦西臺)

응암(鷹巖; 일명 매바위)에 병조판서 박종경(朴宗慶-수어장대 중건한 朴岐壽 부친))이 새긴 글씨. 수어서대란 수어사가 서장대에서 지휘하는 곳을 말함. 수어사는 평상시 도성안의 수어청에서 군무를 수행하였으나 유사시에는 남한산성 서장대 곧, 수어장대에서 지휘하였는데 광주유수가 수어사를 겸직하여 군사·행정을 총괄기도 하였다.

매바위의 수어서대 암각문(돈암재무 박종경인 (敦巖宰武 朴宗慶印))
※돈암재무(敦巖宰武) - 敦巖; 박종경의 號. 宰武; 병조판서 지칭.

(7)병암(屛岩)

수어장대에서 서문 방향으로 약 200미터 길 우측에 있는 두 개의 돌을 가리키는데 여기에는 서명응(徐命膺)의 「남성신수기(南城新修記)」 비문이 새겨져 있어 유명하다. 이 바위 우측에 '병암 이민하십세기미서(屛岩 李民夏十歲 己未書)'라고 씌여 있는 것으로 보아 屛巖의 글씨는 이민하가 10세 때에 쓴 것으로 추정된다.

병암과 「남성신수기」 암각문　　　　　　　병암(屛岩) 암각문

(8) 열녀비(烈女碑)

　열녀비란 위난(危難)을 당하여 목숨으로 정조를 지키거나 또는 오랫동안 고난과 싸우며 수절하며 효도하는 부녀자의 절행(節行)을 기리기 위해서 세운 비로서 정렬비(貞烈碑)라고도 함. 열녀는 열부(烈婦)를 지칭하기도 하는 말인데 『사원(辭苑)』에 의하면 혼인전에 약혼자가 죽었을 때 뒤따라 죽거나 폭행자에거 저항하여 목숨을 끊는 미혼녀를 열녀라 하고 기혼녀로서 남편의 뒤를 따라 죽거나 폭행자에게 항거하여 목숨을 끊는 부인을 열부라 한다. 조선사회에서는 성리학을 생활 윤리로 삼아 '여필종부(女必從夫)' 등의 관습을 만들어 충절과 열녀는 사회의 유교윤리를 지탱하는 풍속으로 전승되어 오늘날의 의미에서 여성들의 인권을 침해하는 부분도 없지 않으나 조선사회는 이러한 윤리사회를 구현하기 위하여 열녀가 나온 집 앞에는 정려(旌閭)를 세워 그들의 정절을 높이 칭송하는 풍속을 남기게 되었다. 광주지역에는 『광주부읍지』에 따르면 유명한 열녀로 도미(都彌)의 처, 정랑(正郎)

성경온(成景溫)의 처 李씨, 부정(副正) 정세록(鄭世祿)의 딸 등이 전해지고 있다. 그리고 현재 남한산성내에는 2명의 열녀비가 남아 있다.

1) 이재풍처월성김씨효열비(李在豊妻月城金氏孝烈碑)

이재풍의 처인 월성 김씨의 효렬을 기념하고자 세운 비이나 마모가 심하여 건립시기나 내용을 상세히 알 수 없다. 만해기념관 앞의 옛 산성제일각 정원내 위치하고 있다.

이재풍처 월성김씨효열비(옛 산성제일각)

2) 김광태처정씨정렬비(金光兌妻鄭氏貞烈碑)

김광태의 처 정씨의 정렬을 기리고자 세운 비로 비문에 따르면 부인 정씨는 出身(과거시험합격자) 정광희(鄭匡熙)의 딸로 태어나면서 독실한 성품으로

시부모를 극진히 모신 효부로 칭찬이 자자
했다고 한다. 또한 남편이 병으로 사망하자
그 뒤를 따라 약을 먹고 자결한 여인으로서
절행(節行)이 빼어났다고 하며 주민들에게
귀감을 보이고자 1815년(순조 15) 2월에 이
정렬비를 세우고 약구주인(藥丘主人) 남혜
로(南惠老)가 짓고 박용장(朴用章)이 썼다고
한다. 전면에 '金光兒妻鄭氏貞烈碑' 후면에
'崇禎後三乙亥二月 日'이라 썼다. 현재 연무
관 아래 산성교회 근처 동문집 마당에 있다.

김광태처정씨정렬비 (후면. 동문집 앞)

(9) 금림조합비(禁林組合碑)

금림조합비는 일제시기 남한산성의 소나무 등 산림을 보호하기 위하여 주
민들이 금림조합(오늘날의 산림조합)을 결성했다는 사실을 전해주는 비로서
도감독 이순영 외 37인의 조합원들이 당시 산성리 금림조합장인 석동균(石
東均)과 이영래(李永來)의 덕을 기념하기 위하여 1934년 정월에 세운 송덕비
의 하나이다.

송덕의 배경은 석동균의 경우 불망비 전면에 작은 글씨로 '창설조합 손재
금림 일성뢰덕 영충공금(刱設組合 捐財禁林 一城賴德 永忠公襟)'이라고 쓴 것
으로 보아 조합을 창설하고 재정을 기부하여 금림조합 발전에 끼친 큰 덕으
로 오래도록 기리고자 하였으며 이영래의 경우에는 '손금애호 수목총생 창
창회울 백세방명(捐金愛護 樹木叢生 蒼蒼薈蔚 百世芳名)'이라 하여 의연금을

소중히 아끼고 보호하여 수목이 창창하고 무성하게 자라게 하여 백세토록 이름을 날리게 하였다는 칭송의 뜻으로 세운 것임을 알 수 있다.

산성리금림조합장 석공동균영세불망비   산성리금림조합장 이공영래영세불망비

<집필자 : 조병로>

우익문(서문)의 가을 (최규근 제공)

제2남옹성치의 여름 (최규근 제공)

능행 반차도

남한산성축제 어가행렬

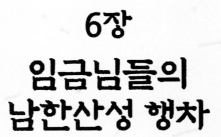

6장
임금님들의
남한산성 행차

1. 남한산성으로의 행차

　행궁(行宮)이란 왕이 도성을 떠나 거둥(擧動;임금의 나들이)할 때 머무는 별궁(別宮;특별히 따로 지은 궁전)을 말하는데, 삼국시대 이래 조선 시대까지 조성되어 왔다. 조선 시대의 행궁은 전 시기에 걸쳐 조성되었는데 행궁의 이용 시기는 임진왜란 이후의 군사적인 목적의 증대로 인하여 전기보다는 후기에 더 많이 조성되고 이용되었다. 『중정남한지』에 의하면 남한산성은 1624년(인조 2) 7월에 쌓기 시작하여 1626년(인조 4) 11월에 완성되었다.

　'광주행궁(廣州行宮)' 또는 '남한산성행궁(南漢山城行宮)'이라고 불리는 '남한행궁'의 건립에 대해서는 『조선왕조실록』, 『광주부읍지』, 『중정남한지』의 기록이 약간 다르게 나타나지만, 일반적으로 『조선왕조실록』의 기록이 더 정확히 기록되는 것이 상례이므로 1625년 6월 이후에 공사를 시작하여 1626년에 완성된 것으로 보인다. 즉, 남한산성 축성 초기에는 행궁의 조성에 적극적이지 않으나 축성을 시작한 후에 축성의 총책임자인 이서(李曙)가 행궁의 조성을 건의함으로써 행궁 공사가 시작된 것으로 볼 수 있다.

남한산성행궁

  조정은 남한산성의 수축, 남한행궁의 건립과 더불어 1626년 11월에 광주부(廣州府)의 읍치(邑治)를 산성 안으로 옮김으로써 산성의 방어체계를 강화하였고, 1683년(숙종 9)에는 광주부윤(廣州府尹)을 유수(留守)로 승격시켜서 행정과 군사를 함께 담당하도록 하고, 광주유수는 정2품으로 국가최고회의인 비변사(備邊司)의 구성원이 되었다. 이처럼 조선 시대 남한행궁은 유사시에 대비한 일종의 예비 궁궐이었으며, 다른 행궁과는 달리 종묘와 사직에 해당하는 좌전(左殿)과 우실(右室)을 갖추었다.

  남한행궁이 조성된 지 10여 년이 지난 1636년(인조 14) 12월에 병자호란이 발발하자 인조와 소현세자가 12월 14일부터 다음 해 1637년 1월 30일까지 47일 동안 행궁에 머무르면서 행궁의 조성목적에 부합하는 항전을 하게 된다. 그리고 인조 이후에는 숙종·영조·정조·철종·고종 등 5명의 임금이 광주의 헌릉(獻陵, 태종릉)과 인릉(仁陵, 순조릉)이나 여주의 영릉(寧陵, 효종릉) 등의 능행 시에 남한행궁에서 유숙하게 된다.

헌릉과 세종대왕릉

　　임금들은 행궁에 머무르면서 서장대[守禦將臺]를 올라보고 성조(城操;성을 수비하고 공격하는 군사훈련)를 시행하고 성을 순시(巡視;돌아보며 사정을 살피는 일)하였으며, 연병관(練兵館)을 찾아 군사훈련을 하고 호궤(犒饋;음식을 베풀어 군사를 위로하는 일)를 하는 것이 일반적이었다. 또한 지역 주민의 부담을 덜어주고 또 과거를 시행하여 벼슬을 주는 등 다른 행궁에 비하여 남한행궁은 매우 다양하게 이용되었다.

　　다섯 임금의 남한행궁의 이용과 행차 목적 등을 표로 정리하면 다음과 같다.

조선후기 국왕들의 남한행궁 이용과 행차 목적

구분	전체 행행 기간	행차 목적	남한행궁 유숙
숙종 14년(1686)	2월 26~30일(5일)	영릉(寧陵;효종릉) 참배	26, 29일(2일)
영조 6년(1730)	2월 25~29일(5일)	영릉(寧陵) 참배	25, 28일(2일)
정조 3년(1779)	8월 3~10일(8일)	영릉(寧陵) 참배	3, 7~9일(4일)
철종 13년(1862)	9월 18~20일(3일)	인릉(仁陵;순조릉) 참배	18~19일(2일)
고종 4년(1867)	9월 9~12일(4일)	인릉(仁陵) 참배	10~11일(2일)

2. 남한산성에서의 임금님들의 조치

(1) 온왕묘(溫王廟)와 현절사(顯節祠) 제사

남한산성에 행차한 임금님들은 온왕묘와 현절사에 제사를 지내게 하고, 병자호란 때 순국한 유공자들을 포상했다. 온왕묘는 백제의 시조(始祖)인 온조왕(溫祚王)의 신위를 모신 사당으로 1626년에 남한산성을 개축한 완풍부원군(完豊府院君) 이서(李曙)가 배향(配享;주신의 제사에 다른 신을 병행하여 제사함)되어 있다. 인조는 병자호란 때 남한산성으로 피신하면서 온조왕에게 제사를 지냈다. 이곳은 온조왕이 백제의 도읍을 정하고 오랫동안 다스린 장소이므로 그를 남한산성의 수호신으로 보았기 때문이다.

인조는 1637년(인조 15) 1월에 이서가 사망하자 성내에 온왕묘를 세우고 이서를 배향하게 했다. 온왕묘가 건설된 것은 인조의 꿈과도 관련이 있었다. 인조가 남한산성에서 항전할 때 온조왕이 꿈에 나타나 '적병이 서장대 쪽 성벽을 오르고 있다'라고 알려주었고, 인조가 온조왕이 일러준 곳으로 장군과 병사를 보내 적병을 격퇴한 일이 있었기 때문이다. 온왕묘는 온조왕의 신위가 주향(主享)이고 이서의 신위가 배향위(配享位)에 있는 사당이다.

숭렬전 제향

　현절사(顯節祠)는 척화파(斥和派)로서 청나라에 끌려가 순절한 삼학사인 오달제(吳達濟)·윤집(尹集)·홍익한(洪翼漢)의 위패를 모신 사당이다. 1681년 (숙종 7)에 숙종은 삼학사의 자손들에게 음식물을 공급하고, 남한산성에 이들을 모신 현절사를 건설하라고 명령했으나 흉년 때문에 비용을 마련하지 못해 현절사는 이내 건설되지 못했다. 1688년에 남한산성에 행차한 숙종은 온왕묘에 관리를 보내 제사를 지내게 했다. 남한산성을 수리한 이서의 공적을 기리기 위해서였다. 그리고 숙종은 현절사의 공사를 서두르라고 명령했고, 광주유수 이세백(李世白)의 감독하에 건설되었다.

　영조는 삼학사의 집안에 조세를 면제하는 혜택을 내렸다. 정조, 철종, 고종도 온왕묘와 현절사에 관리를 파견해 제사를 지냈고, 철종은 삼학사의 봉사손(奉祀孫;조상의 제사를 맡아 받드는 자손)을 관리로 등용하게 했다.

(2) 유공자 표창과 후손 우대

남한산성에 행차한 임금님들은 병자호란 때 순국한 유공자에게 제사를 지내고 그 후손들을 관리로 등용했다. 숙종은 병자호란 때 근왕병(勤王兵;임금에게 충성을 다하는 병사)으로 쌍령(雙嶺), 험천(險川), 북문(北門) 등에서 전사한 장수와 병사들의 제사를 지내주었고, 그들의 자손을 관리로 등용했다. 그리고 숙종은 인조를 따라 남한산성에 들어갔던 사람도 포상했다. 숙종은 1678년(숙종 4)에 남한산성에서 인조를 모신 사람 가운데 70세 이상의 노인에게 노인직(老人職;조선 시대 노인에게 특별히 내려 주던 직무가 없는 벼슬)을 내린 적이 있었다.

영조도 쌍령을 지나가면서 병자호란 때 패전한 장소에 관리를 보내 제사를 지내고, 그곳에서 전사한 병사들의 후손을 등용하게 했다.

정조도 쌍령, 북문, 험천에서 전사한 사람들의 제사를 지내주었고, 철종과 고종은 홍문관에서 병자호란 때 전사한 사람들을 일일이 조사하고 해당 읍(邑)에서 전사한 사졸(士卒)의 제사를 지내라고 명령했다.

이처럼 온왕묘와 현절사, 병자호란 때 순국한 사람을 제사 지내고 그 후손을 관리로 등용한 것은 국가에서 그들의 희생을 기억하고 있음을 표시하기 위해서였다.

(3) 과거의 실시

남한산성에 행차한 임금님들은 현지의 유생(儒生)과 무사(武士)를 대상으로 하는 과거를 실시했다. 과거는 정조의 행차 때부터 시작되었고 시험 장소는 연병관과 인화관이었다. 정조는 남한산성 연병관에 나가서 문과와 무과를 감독했다.

남한산성의 인화관

철종은 인화관에서 문과를 실시했으며, 고종도 인화관에서 유생들을 대상으로 문과를 실시했다. 무과는 고종이 환궁한 후 광주유수의 책임하에 실시하고 결과를 보고하게 했다. 이를 보면 남한산성에 행차한 국왕이 무과를 실시한 것은 정조가 유일했다.

(4) 군사훈련

남한산성에 행차한 임금님들은 이곳에서 군사훈련을 했다. 군사적 요충지인 남한산성의 방어 기능을 강화하기 위해서였다. 이곳에 행차한 임금님은 항상 서장대에 올라 주변 형세와 산성의 보존 상태를 확인했다. 이곳에서 군사훈련을 한 것은 정조 때부터 시작되었다.

정조는 먼저 연병관에서 승군(僧軍;승려로 조직된 군대)의 진법(陣法)과 매

화포(埋火砲)의 위력을 참관했다. 다음날 정조는 서장대에 올라 성조와 야조(夜操;밤에 하는 군사훈련)를 거행했다.

철종은 서장대와 남장대에서 산성의 형세를 살펴보고, 연무관(연병관)에서 야조를 거행했다. 고종은 용양봉저정 행궁에서 수조(水操;수군 훈련)를, 그리고 남한산성에서는 야조를 했다. 용양봉저정의 수군 훈련은 서양의 이양선(異樣船)이 출현하면서 한강의 방어력을 강화하기 위해서였다. 남한산성에서의 훈련은 정조, 철종 대와 비슷했다.

(5) 백성 위무(慰撫)와 민원 처리

조선 후기의 임금님들은 능행(陵幸)에서 돌아오는 길에 백성에게 경제적 혜택을 주거나 민원을 접수하여 해결해 주었다. 임금님의 행차는 '행행(行幸, 幸行)'이라 표현하듯이 혜택이 있는 행차였기 때문이다. 숙종은 양주(楊州), 광주(廣州), 여주(驪州), 이천(利川) 네 읍의 봄철 대동미를 감면해 주고, 여주 백성으로 70세 이상인 자에게 음식물을 제공했다. 양주는 국왕의 행차가 지나간 곳은 아니지만 광나루 선착장 공사에 동원되었고, 여주의 노인에게 혜택을 준 것은 세종과 효종의 능침이 있었기 때문이다.

영조는 숙종의 전례를 따라 네 읍의 대동미를 감면하고 여주의 70세 이상 노인에게 음식물을 제공했다. 또한, 80세 이상의 노인으로 숙종과 영조의 행차를 본 사람은 특별히 한 자급(資級;관료의 직품과 계급)을 올려주었다.

정조는 세 읍(광주, 이천, 여주)의 백성들에게 가을 대동미를 감면하고, 70세 이상 노인에게 음식물을 제공했으며, 80세 이상 노인으로 영조와 정조의 행차를 본 사람에게 한 자급을 올려주었다. 이는 영조와 동일한 조치였다. 정조의 특별한 조치는 남한산성에서 나타났다. 정조는 연병관에서 남한산성의 백성들을 만나 가을 대동미를 감면해 주면서 어떤 어려움이 있는지를 물었다. 다음날 정조는 다시 백성들을 만나 채전(債錢;빚진 돈)을 완전히 탕감해 주면서 그들이 보는 앞에서 채전의 문권(文券)을 불살라 버렸다. 이를 본 백성들은 감격해 눈물을 흘렸다.

기해주필 암각문

철종은 남한산성 경내에 있는 70세 이상 노인에게 광주부에서 쌀을 지급하게 하고, 다음 해의 결전(結錢;재정 부족을 메우기 위하여 전결에 덧붙여 거두어들이던 돈)을 면제해 주었다. 행차에 동원된 백성들의 노고를 위로하기 위해서였다.

임금님이 행차하면 상언(上言;임금에게 글을 올리는 일)과 격쟁(擊錚;조선시대 억울한 일을 당한 사람이 임금이 거둥하는 길가에 나가 징이나 꽹과리를 쳐서 임금에게 하소연하던 제도)을 통해 백성들의 민원을 접수해 처리하기도 했다. 영조는 영릉을 참배한 이후 능 입구에서 살곶이 다리[箭串橋]까지 상언을 받으라고 했다. 정조는 영릉 입구에서 흥인문까지 상언을 접수하라고 했다. 철종은 남한산성에 행차했을 때 격쟁을 한 조중훈(趙秉薰) 등 60여 인의 민원을 접수해 처리해 주었다.

3. 임금님들의
남한산성 방문의 의의

(1) 선왕의 추모와 선왕 업적의 계승

조선 후기의 임금님들이 남한산성에 행차한 것은 여주의 영녕릉(英寧陵)과, 광주의 헌인릉(獻仁陵)을 방문하는 능행을 통해서였다. 조선 전기에도 세종의 영릉을 방문한 임금님들이 있었다. 그렇지만 그들이 이동한 경로는 광주-용인-양지-이천-여주로 이어져 남한산성을 들리지 않았다. 숙종, 영조, 정조는 여주에 있는 효종의 영릉을 참배하려고 행차했지만, 철종과 고종은 광주에 있는 순조의 인릉을 참배하기 위해 행차했다. 이들은 자신의 계통과 밀접한 관련이 있는 선왕의 능침을 방문하는 기회에 인근에 있던 남한산성을 방문했다.

숙종, 영조, 정조는 효종의 직계 후손으로 왕위를 계승했다. 숙종은 효종의 능이 여주로 옮겨진 이후 최초로 방문했고, 영조는 숙종의 행적을 따라 영릉을 방문했으며, 정조는 효종 사망 120주년을 기념해 영릉을 방문했다. 이는 효종에서 숙종-영조-정조에 이르는 왕실의 계통을 분명히 하는 의미가 있었다.

철종은 순원왕후의 명으로 순조의 아들이 되어 왕위를 계승했고, 순조와 순원왕후가 가례를 거행한 지 60주년이 되는 해에 순조의 인릉을 방문했다.

고종은 신정왕후(神貞王后;효명세자의 부인)의 명으로 익종(翼宗;효명세자)의 아들이 되어 왕위를 계승했고, 조부가 되는 순조의 인릉을 방문했다. 사도세자의 현손(玄孫)이었던 고종은 사도세자-정조-순조-익종으로 이어지는 계통을 중시했다.

고종황제의 어진

한편 임금님이 내린 조치에는 선왕의 행적을 계승하는 것이 많았다. 숙종은 신료들이 얼음이 녹아 도로가 엉망이라고 남한산성의 방문을 만류하였지만 '선조(先朝;현종)가 온천을 갈 때도 도로 사정이 나빴지만 아무 탈이 없었다'라며 행차를 고집했다.

영조는 신하들이 여주 행차를 반대하자 '꿈에 영릉을 갔는데 이는 자신의 지성에서 나온 것이라'라며 능행을 강행했고, 현지 문묘에 제사하거나 향교 유생에게 쌀을 내리지 않고 관무재(觀武才)는 어사(御使)를 보내 시행하게 했다. 이는 부왕인 숙종의 행적을 따른 조치였다.

정조는 숙종과 영조의 행적을 철저하게 계승했다. 정조는 도성을 벗어나 동관왕묘(東關王廟;관우의 영령을 모신 서울 동대문 밖의 묘)에 들러 재배례(再拜禮)를 거행했다. 숙종과 영조의 선례를 따른 것이다. 정조는 남한산성에서 효종, 숙종, 영조 같은 선왕들의 행적을 떠올리며 자신은 선왕의 뜻과 일을 계승해 좋은 정치를 하겠다고 다짐했다.

이상에서 보듯 남한산성을 방문한 임금님들은 효종 이하 선왕으로부터 자신에게 이어지는 왕실의 계통을 과시하고, 선왕들의 업적을 계승해 실천할 것을 다짐했다.

(2) 병자호란의 반성과 북벌의 다짐

병자호란 이후 남한산성은 외적의 침입에 패배한 쓰라린 기억을 상기시키는 장소가 되었다. 조선 사람들은 남한산성이라 하면 이내 '성하지맹(城下之盟)'을 떠올렸는데, 이는 인조가 남한산성을 내려가 삼전도(三田渡)에서 청태종에게 항복한 사건을 말한다.

삼전도비(석촌호수 공원)

그런데 병자호란에 대한 기억은 어려움을 참고 국력을 비축했다가 북벌(北伐)을 실현해 청에게 당한 억울함과 수치심을 씻어야 한다는 각오로 이어졌다. 즉 남한산성에서 시작된 패전의 기억은 청나라 토벌을 꿈꾼 효종의 북벌 운동으로 이어졌고, 후대 국왕들은 선왕의 뜻을 계승해 국토방위를 튼튼히 하고, 청나라 토벌을 실현해야 한다는 생각으로 이어졌던 것이다.

　영조가 서장대에 행차했을 때 영의정 홍치중은 효종의 북벌 유업을 계승해 내정을 충실히 하면 북벌을 이루지는 못해도 청의 무리한 요구는 거절할 수 있다는 의견을 올린다.

수어장대(서장대)

　정조는 남한산성의 방어시설을 살피면서 병자호란을 떠올렸다. 정조는 조선이 병자호란의 참화를 겪었지만, 평화기가 계속되면서 군사력이 현저하게 약해진 현실을 개탄했다. 정조는 남한산성이 수도를 방어하는 요충지이나 오랫동안 평화가 유지되면서 융정(戎政;군사 문제에 대한 일반 행정 사무로서 군정이라고도 함)이 어그러져 군사훈련이나 성벽의 관리가 부실함을 지적했다. 그는 조선이 예의를 아는 문화국가이지만 병자호란의 재발을 방지하려면 군사력을 갖추어야 하며, 이 때문에 군사훈련을 참관한다고 강조했다.

철종도 남한산성에서 효종의 유업을 떠올렸고, 신하들은 민심의 안정과 무비(武備;군사 시설이나 장비)를 갖출 것을 요청했다. 고종이 남한산성 서장대에 행차했을 때에도 수행한 신하 김병학(金炳學)은 고종에게 남한산성은 청에게 당한 치욕을 갚으려 준비하는 장소이며, 북벌을 추진한 효종의 마음을 고종의 마음으로 삼아야 한다고 강조했다. 고종은 남한산성을 방문하기 전에 한강에서 새로 제작한 전선으로 수군 훈련을 하고 새로 제작한 수뢰포(水雷砲)의 위력을 시험했다. 이는 서해안과 한강 수로에 나타난 서양 이양선의 침입에 대비한 훈련으로, 이제 국토를 제대로 방위하려면 육상과 해상에 나타나는 외적을 동시에 방어해야 하는 상황이 되었다.

조선 후기의 이양선

(3) 왕실 및 공신의 우대

임금님이 능행을 하면 이동로 주변에 있던 왕실 가족이나 문신들의 묘소에 관리를 보내 제사를 지내주었다. 숙종은 광주에 묘소가 있던 명선(明善), 명혜(明惠), 명안(明安), 숙정(肅靜) 공주와 영창(永昌) 대군의 묘소에 관리를 파견해 제사를 지내게 했다. 숙종은 특히 이동로 가까이에 있던 명선 공주와 명혜 공주의 묘소를 직접 방문하려 했다. 그러나 '군주는 사묘(私墓)를 직접 방문하는 일이 없는데다 길이 좁고 험하다'는 신하들의 반대로 뜻을 이루지 못했다. 두 공주는 바로 숙종의 누나와 누이동생이었다.

일제에 의해 서삼릉으로 옮겨진 명선공주와 명혜공주의 묘>

숙종은 광주의 광성부원군(光城府院君) 김만기(金萬基), 여주의 여양부원군(驪陽府院君) 민유중(閔維重)의 묘소에도 사람을 보내 제사를 지내주었다. 두 사람은 숙종의 장인이었다.

정조는 영창 대군과 명선, 명혜, 명안, 숙정, 숙경(淑敬) 공주의 묘소에 관리를 보내 제사를 지냈다. 이들은 선조의 아들, 효종과 현종의 딸이었다. 정조는 충헌공(忠獻公) 김창집(金昌集), 문충공(文忠公) 민진원(閔鎭遠)의 사당에 관리를 파견해 제사를 지내게 했다. 두 사람은 영조의 묘정(廟廷)에 배향된 공신이었다.

철종은 인릉에 행차하면서 화성의 화령전, 건릉, 현륭원, 효창묘(孝昌廟), 광주부의 선릉(宣陵)과 정릉(靖陵)에 관리를 파견해 봉심(奉審;임금의 명을 받들어 능소나 묘우를 보살핌)하게 하고, 영안부원군(永安府院君) 김조순(金祖淳) 부부의 사당에 제사를 올리게 했다. 김조순은 순원왕후의 부친으로 이 해는 순조와 순원왕후가 가례를 거행한 지 60주년이 되는 해였기 때문이다. 철종은 문충공 민진원과 광성부원군 김만기의 묘소에 관리를 보내 제사를 지내게 했다.

인릉(순조와 순원왕후)

고종은 태종과 세종의 아들이었던 양녕(讓寧), 효령(孝寧), 평원(平原), 제안(齊安), 광평(廣平), 능창(綾昌)대군, 의원군(義原君), 희령군(熙寧君), 밀성군(密城君)의 묘소에 종실 출신의 관리를 보내 제사를 지내게 했다. 그리고 명혜,

명선 공주의 묘소와 정조의 누이인 청연군주(淸衍郡主)의 묘소 및 문충공 민진원의 묘소, 좌의정 정유길(鄭惟吉)과 영의정 정태화(鄭太和)의 묘소에 내시나 지방관 등을 파견해 제사를 지내게 했다. 정유길은 청에 저항한 김상헌(金尙憲)과 김상용(金尙容)의 외조부였고, 정태화는 현종의 묘정에 배향된 공신이었다.

국왕들이 왕실 가족과 공신의 묘소에 관리를 보내 제사를 지내준 것은 왕실의 화합을 도모하는 동시에 왕실에서 이들의 행적을 기억함을 보여주기 위해서였다.

(4) 북한산성과 수원화성의 구상 및 실현

숙종은 양난 이후 국방에 많은 관심을 기울였으며 강화도의 수비를 강화하기 위하여 49곳에 돈대를 쌓았다. 그리고 남한산성의 약점을 보완하여 봉암성을 쌓았으며, 남한산성 행차 이후인 1693년(숙종 19)에는 수어사 오시복(吳始復)으로 하여금 한봉외성을 쌓게 하였으며 봉암성 포루를 증축하였다. 청나라를 의식한 일부 신하들의 반대를 무릅쓰고 북한산성의 축조를 지시하여 1711년(숙종 37)에 북한산성의 완공을 보았으며 1719년(숙종 45)에는 한양도성과 북한산성을 잇는 탕춘대성(蕩春臺城;한양도성과 북한산성을 연결하기 위해 지은 성으로 인근 세검정에 있는 탕춘대(蕩春臺)에서 따옴)을 완공하여 튼실한 국방의 꿈을 이루게 된다. 그리하여 중앙의 한양도성을 중심으로 서쪽의 강화도와 동쪽의 남한산성을 연결하고 북으로는 북한산성을 쌓았으며 탕춘대성까지도 완공하여 튼튼한 국방의 꿈을 이루게 된다.

도성연융북한합도와 북한산성

정조는 1779년(정조 3)에 남한산성에 행차하고 무려 4일이나 남한산성에
머무르게 된다. 곧바로 봉암성과 한봉성을 수축하게 하고 1788년(정조 12)
에는 남장대에 타운루(唾雲樓)를 건립한다. 다음 해인 1789년(정조 13)부터
현륭원(顯隆園)으로의 이장과 수원에 새로운 도시의 건설을 추진하여 관아
를 완성하고 수원화성 공사를 시작한 이후 화성행궁을 완성하여 혜경궁 홍
씨의 회갑연을 성대하게 치렀으며 이어 수원화성을 완공하게 된다. 정조가
수원 신도시를 개발하게 된 이유는 바로 왕권을 강화하기 위한 것이다. 수
원은 아버지 사도세자의 무덤이 있는 곳이고 정조는 이곳을 행차하면서 왕
권의 위엄과 권위를 백성들에게 알리는 동시에 수원 화성을 자신의 왕권을
강화하는 지역으로 만든 것이다. 정조는 수원에 당시의 첨단 기술을 가지고
멋진 도시를 세움으로써 국왕의 권위를 만방에 알렸던 것이다. 정조는 거중
기를 비롯한 과학기술을 건설 현장에 접목하면서 불과 2년 6개월 만에 수
원화성을 완성한다. 수원화성은 단순한 도시가 아니라 정조의 이상과 의지
가 담겨 있는 미래지향적 신도시이다. 정조는 이곳에서 자신의 친위부대인
장용영을 훈련하며 강국(强國)의 꿈을 키워갔다.

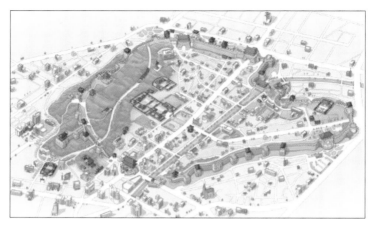

최초의 계획도시 수원화성

이처럼 숙종은 남한산성 행차 후에 북한산성을 쌓았으며, 정조는 남한산성 행차 후에 수원화성을 쌓았는데 기록에는 상세하게 나와 있지는 않았지만, 남한산성 행차 경험이 그러한 업적에 분명하게 영향을 주었음을 추정할 수가 있다. 특히 정조는 남한산성에서 무려 4일이나 머물면서 수원화성의 설계를 머릿속으로 수없이 그려보았을 것이다.

정조의 어진

정조는 1789년(정조 13)에 수원의 읍치였던 곳에 현륭원(顯隆園)을 조성하여 사도세자를 다시 모시고 수원의 새로운 읍치를 건설하기 시작한다. 다음 해인 1790년에는 수원 신읍의 관아가 완성되어 행궁 역할을 하게 된다. 1793년(정조 17)에는 수원부(水原府)의 호칭을 화성(華城)으로 바꾸고 부사(府使)를 유수(留守)로 승격시킨다. 이어 수원화성 공사를 시작하여 화성행궁을 완성하였다. 1795년(정조 19)에 용인·안산·진위 등 3읍을 화성의 속읍으로 삼고, 혜경궁 홍씨의 회갑연을 성대하게 치른다. 그리고 비변사는 화성(華城) 협수군(協守軍)의 제도(制度)에 관하

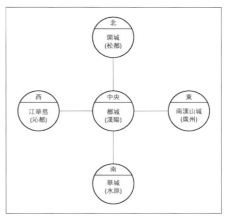

정조시대의 유수부

여 '성지(城池)에는 반드시 협수군을 두어야 하니, 이는 대체로 기각지세(掎角之勢)를 이루어 성원(聲援)해야 하고 힘을 합쳐서 방어해야 하기 때문인데, 남한 산성(南漢山城)과 북한 산성 그리고 송도(松都)와 강화(江華)에서의 예를 상고할 만합니다.'라는 절목을 올린다.

수원화성이 완성된 1796년(정조 20)에는 화성의 성조(城操;성을 지키는 훈련)를 내년부터 설행하되, 대조(大操;대규모 군사 훈련)와 윤조(輪操;한 영문의 군대가 돌림 차례로 훈련하는 것)를 대략 남한산성의 규례에 따라 하도록 명하였다. 이처럼 정조는 남한산성에서의 경험을 활용하여 강병책을 구상하고 이를 실천하여 완성하였다고 볼 수 있을 것이다.

<집필자 : 김기영>

청량당

청량당 이회장군

서흔남 묘비

7장
설화

1. 청량당과 매바위 설화

　남한산성 행궁 뒷산이 청량산이고 그곳의 정상에 수어장대가 있다. 수어장대 바로 아래에 '청량당(淸凉堂)'이란 사당이 있다. 수어장대 앞마당 옆에 '수어서대'란 글씨가 새겨진 커다란 '매바위'와 함께 이회의 억울한 죽음에 관한 이야기가 전해오고 있다. 1624년(인조 2년)에 본격적으로 남한산성을 쌓기 시작해 2년 후인 1626년 완성되는 과정에서 전해지는 설화이다. 인조 임금은 남한산성을 새롭게 쌓을 것인가를 판단하기 위해 이서 장군을 미리 보내 성의 상태를 보고받은 후 총책임자로 이서 장군을 임명한 후 남한산성을 개축할 것을 명하였다. 그리하여 이회에게는 동남쪽을 승려인 벽암대사 각성에게는 서북쪽을 맡아 성을 쌓도록 명하였다. 한양을 지키는 남한산성을 쌓는 것은 나라의 중요한 공사였기 계획대로 진행하여야 했다. 벽암대사 각성은 승려들을 재촉하고 쉬지 않고 성을 쌓은 덕에 기간 내에 성 쌓기 공사를 다 마칠 수 있었다. 반면 이회가 맡은 구역은 절벽과 협곡이 많은 험한 지형이였기 때문에 서북쪽에 비해 성 쌓기가 늦어졌고 아무리 쉬지 않고 일해도 속도가 나지 않았다. 이렇게 공사가 늦어지자 나라에서는 이회에 대해

공사가 늦은 책임을 묻는 일이 생겼고 이에 대해 이회는 자신이 맡은 지형이 형세가 험하고 이로 인한 군인들의 사고 예방을 위해 신중을 기해서 늦었다고 사실대로 말했으나 인정받지 못했다. 이회가 사실대로 말했지만 총책임자 이서는 늦은 것에 대한 책임을 물어 참수형 명했다. 억울하지만 죽음을 앞 둔 이회는 아무런 변명도 하지 않은 채 모든 일은 사필귀정이니, 제 목이 잘리는 순간 하늘에서 매 한 마리가 날아올 것이요 그러면 저에게 죄가 없는 줄로 아십시오 라고 말했다. 이회의 말이 끝나고 참수되어 목이 칼날 아래 떨어지는 순간 정말 믿을 수 없는 일이 벌어졌다. 하늘에서 매 한 마리가 날아와 이회의 머리 주위를 빙빙 돌더니 바로 옆 수어서대의 바위에 앉아서 슬피 울다가 멀리 날아가는 것이었다. 주위에 참수를 보려고 모여있던 사람들이 신기하고 놀라서 바위에 가보니 방금 날아간 매의 발자국이 바위에 선명하게 새겨져 있었다. 시간이 많이 지난 뒤 이회가 맡은 구간의 성벽은 매우 견고하게 만들어졌음을 알게 되었고 벽암대사가 쌓은 서북쪽은 세월이 흐를수록 허물어져 흔적도 없는 곳도 있었다. 이로 인하여 이회의 억울한 죽음을 더욱 믿게 되었다. 그 후 사람들은 그의 죽음을 애도하였고, 매가 앉았던 바위를 '매바위'라 부르게 되었다 한다.

　이회의 억울한 죽음은 이것으로 끝나지 않았다. 당시 이회는 남한산성 개축 공사를 기한 안에 못 한 것이 그가 무능한 탓이라는 것과 공사비를 유흥비로 탕진했다는 헛소문까지 퍼졌었다. 남편의 이러한 어려움을 알게 된 부인 송씨와 첩은 가산을 정리해 남편을 도왔고 더 나아가 남편의 부족한 공사 경비를 돕기 위하여 전라도와 충청도 그리고 경기도 일대를 돌며 자금을 모았다. 그런데 쌀가마와 여러 물품을 싣고 송파나루로 오는 배 안에서 누군가가 부인에게 이회가 서장대에서 참수를 당했다고 말했다. 이 소리를 들

은 부인이 깜짝 놀라며 무슨 이유
로 죽임을 당했단 말이요 하고 물
으니 산성을 기한 내에 못 쌓았고
공사비를 탕진했다는 이유로 죽었
다고 했다. 이 억울한 말은 들은 부
인은 기절하여 쓰러졌다 잠시 후에
깨어났다. 그리고는 남편의 강직하
고 올곧은 성격을 아는 송씨 부인
은 저승길을 혼자 가는 남편의 외
로움을 달래주기 위하여 순식간에
강물로 뛰어들었다. 그러자 곁에
있던 첩도 부인을 따라서 물에 뛰

응암(매바위)

어들었다. 순식간에 두 여인이 억울하게 강물에 빠져 죽었다. 그 후 밤만 되
면 강나루에서 여인들의 흐느끼는 울음 소리가 슬프게 들려왔고 그 소리는
남한산성을 넘어 수어장대까지 들리게 되었다. 이러한 소식을 알게 된 광주
유수는 남한산성 주변의 무당들을 불러 이회와 송씨 부인 그리고 첩의 넋을
위로하는 위령제를 크게 올리게 하였고 청량당에 이회와 송씨 부인, 첩 그리
고 벽암대사 각성의 영정도 함께 모셔 넋을 위로하게 하였으며 이 위령제는
오늘날까지도 이어져 오고 있다.

2. 서흔남 이야기

병자호란이 일어나자 인조 임금은 강화를 향해 피난을 떠나고 있었다. 그런데 이때 적의 선봉들이 강화로 가는 길을 차단하고 있어서 왕 일행은 부득이 남한산성으로 급히 방향을 돌려야 했다. 청군이 도성 근처까지 이르렀다는 소문이 들리자 왕을 수행하던 많은 신하들은 제각기 살길을 찾아 슬금슬금 도망가고 왕의 곁에는 겨우 몇 명의 신하들만 남아 있었고 간신히 강을 건너 송파에 다다를 수 있었다. 송파에서 남한산성까지는 거리도 멀고 가파른 산길이었고, 설상가상 눈까지 내려서 올라갈 일이 아득하기만 했다. 신하들이 번갈아 임금님을 업고 올라갔으나 얼마 못 가 신하들 마져 지쳤다. 더 이상 임금님을 업고 가지 못하게 되자 임금님을 방석에 올리고 끌고 가기도 했다. 눈은 점점 많이 내려서 앞을 분간할 수도 없게 되었다. 그때 지게에 나무를 한 짐 지고 산을 내려오는 사람이 있었다. 그는 건장한 몸집에 순박한 인상이었다. 일행을 보자 이 험한 산길에 웬 사람들이요? 하고 물었다. 그러자 곁에 있던 신하가 상감마마의 행차시다. 그는 아무것도 모르는 채 그런데 눈 쌓인 곳에서 뭣들 한 대요? 라고 묻자 무엄하구나. 상감

마마라고 하질 않더냐, 임금님이라는 것을 안 나무꾼은 지게를 벗어 던지고 허리를 굽혀 절하고 나서 임금님께 업히라며 등을 들이댔다. 그리고는 신을 거꾸로 신은 채 임금을 업고 성큼성큼 산을 올랐다. "왜 신을 거꾸로 신느냐?" 하니 "적들이 쳐들어온다면서요. 그러면 우리가 올라간 걸 적들이 알 거 아닙니까?" 어리석은 사내로만 보이던 그의 지혜로운 행동에 인조 임금은 안심이 되었다. 그는 임금님의 옥체를 보호해야 한다는 생각에 힘이 들어도 꾹 참고 산을 올랐다. 비단 옷을 입은 임금님을 업고 산에 오르니 자신이 임금인 듯 힘든 줄도 모른 채 산을 올랐다. 남한산성에 도착하자 사내는 임금님을 내려놓고는 쏜살같이 사라졌다. 며칠 후 왕은 나무꾼을 불러 어디 사는 누구인가, 소원은 무엇인지 물었다. "소인은 저 산 아래 동네에 사는 서흔남이옵니다. 기와도 올리며 나무 장사도 하는 천민이옵니다." "소원은 식구들 밥 굶지 않고 배만 부르면 되옵니다." 하고 더 이상 말을 않자 임금님이 "어려워 말고 말해 보아라." 하니 차마 입을 떼지 못하고 주저하였다. 그러다 용기를 내서 말했다. "임금님께서 입고 계신 그 옷이 갖고 싶사옵니다." 임금님은 잠시 생각한 뒤 말했다. "그래, 내 마련해 주마." 하곤 곧 신하를 시켜 곤룡포를 서흔남에게 하사했다. 하지만 서흔남은 곤룡포를 차마 입지는 못하고 집안 깊숙이 소중하게 보관하고 아침마다 꺼내어 절을 하고 일을 하러 나갔다. 한편 남한산성이 청군에게 포위되어 성 안팎의 소식을 전할 수 없을 때 서흔남이 자청하여 누더기를 걸치고 거지행세를 하며 적의 동태를 살피거나 장수들의 편지를 아군에게 전했다. 이런 서흔남의 활동은 나라를 위한 충성심에서 나온 목숨을 건 행동이었다. 조정에선 그의 공을 인정해 가의대부 동지중추부사(嘉義大夫同知中樞府事)라는 벼슬을 내렸다.

서흔남의 동상(송파도서관 앞)

묘비 (지수당 뒷판)

3. 대부송

　정조 임금이 행차를 하다가 이 곳 주필암에 앉아 쉬고 있었다. 쉬면서 주변 언덕을 천천히 살펴보던 정조 임금의 눈에 문득 언덕 위에 소나무 하나가 보이는 것이었다. 마치 일산을 펼친 것처럼 절묘하게 생긴 소나무였다. 정조 임금은 주변의 신하들에게 너무도 절묘하게 생긴 소나무라고 하면서 칭찬을 아끼지 않았다. 그리고는 "저 소나무가 하도 절묘하여 과인이 정삼품의 벼슬을 내릴 것이니, 나무 기둥에다가 옥관자를 붙여주도록 하시오."라고 명령을 내렸다. 그리고 그 후로부터 마을 사람들은 이 소나무를 벼슬을 받은 소나무라 해서 '대부송'이라 부르기 시작했다고 한다.

　마을 사람들에 따르면, 벼슬을 받아 대부송이라 불리던 소나무는 지금은 고사한 송암정의 소나무였다고 한다.

　남한산성 동문 근처 가파른 절벽의 바위 위에 마치 일산(日傘)을 펼쳐놓은 것과 같은 한 그루의 소나무가 있었는데, 이곳을 송암정이라 불렀다. 이곳에는 옛날 황진이에 얽힌 다음과 같은 이야기가 전한다.

　황진이는 개성의 이름 높은 기생으로 서화담, 박연폭포와 함께 송도삼절이라 불리었다. 황진이가 서화담의 명성을 듣고 그를 희롱하고자 일부러 소학을 가지고 가서 배우기를 청하였다. 그리고 온갖 수단을 다 써가면서 서화담을 희롱하였으나, 서화담은 추호도 마음이 움직이지 아니하고 태연하였다. 이에 황진이는 서화담의 높은 학문과 성품의 고결함에 감동하는 한편, 자신이 너무나 부끄러웠다. 그리고 "옛날

지족대사와 같은 고승도 여색을 참아내지 못하였는데, 서화담 선생은 큰 성인이다."라고 탄복을 하고는 금강산으로 들어가서 여승이 되었다. 몇 년간을 금강산에서 수도 생활을 하던 황진이는 어느 날 다시 속세로 나오게 되었다. 그리고 여기저기를 떠돌아다니다가, 이곳 송암정을 지나게 되었다.

때마침 이 송암정에는 남녀 여러 명이 모여서 술 마시고 노래하며 놀고 있었다. 그들은 곁을 지나가는 여승 황진이를 보고는 일부러 붙잡고 희롱하기 시작하였다. 강제로 손을 잡고 자신들이 놀고 있던 곳으로 끌고 가서 "술을 따르라.", "같이 놀아보자."등의 말을 하며 놀려댔다. 황진이는 처음에는 묵묵히 참으면서 그 자리를 벗어나려고 했다. 하지만 희롱이 점점 심해지자 마침내 정색을 하고 입을 열어, 자신이 황진이임을 밝히고 그들이 하는 일이 얼마나 어리석고 부끄러운 일인가를 꾸짖었다. 거침없이 터져 나오는 황진이의 말에 모여 있던 한량과 기생들은 할 말을 잊고 부끄러워하였다. 특히 한 기생은 눈물을 흘리기까지 하는 것이었다. 그리고 눈 깜짝할 사이에 그

기생은 "소녀가 스님의 말씀을 듣고 보니 이제 이 세상을 살기가 부끄러워졌사옵니다. 안녕히들 계십시오."라고 말하고는 순식간에 절벽 아래로 몸을 던져 버렸다. 이런 일이 있은 뒤부터 송암정에는 달 밝고 고요한 밤이면, 남녀가 춤추고 노래하는 소리가 들리다가 이윽고 그것이 통곡하는 소리로 변하여 들리곤 한다고 한다.

　현재 송암정에는 예전의 아름다운 모습을 자랑하던 소나무는 남아있지 않다. 무슨 이유에서인지 소나무가 고사하여 예전의 모습을 찾아볼 수가 없는 것이다. 하지만 이곳에 얽힌 이야기와 함께 고사한 채로 여전히 그 자리에 남아 있어 신비스런 느낌을 주기까지 한다.

4. 도총섭 각성(覺性) 이야기

　도총섭 각성(覺性)(1575;선조8~1660;현종즉위년)은 조선시대 판선교도총섭, 팔도도총섭, 규정도총섭 등을 역임한 선승(禪僧)이다. 본관은 김해(金海). 자는 징원(澄圓), 호는 벽암(碧巖). 법명은 각성(覺性). 충청북도 보은 출신. 어머니는 조씨(曺氏)이다. 임진왜란과 병자호란 때 승군(僧軍)을 이끌었으며, 남한산성을 완성시키고 사고(史庫)를 보호하였다.

　10세에 설묵(雪默)에게서 출가하였으며, 14세에 보정(寶晶)에게서 구족계를 받은 뒤 부휴 선수(浮休善修)의 제자가 되어 속리산·덕유산·가야산·금강산 등에서 정진하였다. 임진왜란 때 해전에 참여하였다. 1600년에는 지리산 칠불사(七佛寺)에서 강석을 열었다. 1612년(광해군 4)에 스승인 선수가 무고로 투옥되자 그도 연루되어 옥에 갇혔지만, 광해군이 그의 덕에 감복하여 판선교도총섭(判禪教都摠攝)에 임명하여 봉은사에 머물게 하였다. 그곳에서 동양위(東陽尉) 신익성(申翊聖)을 비롯한 많은 사대부와 사귀었다.

　부휴 선수의 문하에서 20여 년을 수행하고 법을 전수받았다. 1617년 광해군이 청계사(清溪寺)에서 큰 재를 열었을 때 설법하였다. 1624년 조정에서 남한산성을 쌓을 때 팔도도총섭으로 임명되어 승군을 이끌고 거의 3년 만에 성을 완성시키자, 보은천교원조국일도대선사(報恩闡教圓照國一都大禪師)라는 직함과 함께 의발을 하사받았다.

1632년 화엄사를 중수하여 대총림으로 만들었으며, 1636년(인조 14)병자호란 때, 의승군 3,000명을 모아서 항마군이라 이름 짓고, 호남의 관군과 함께 남한산성으로 향하다가 인조의 항복 소식에 통곡하며 돌아왔다. 전쟁이 끝나자 지리산으로 들어가서 『도중결의(圖中決疑)』와 『참상선지(參商禪旨)』 등을 저술하였다.

1640년 봄 쌍계사(雙磎寺)를 중수하였고, 그 해 8월에 호남관찰사(湖南觀察使)원두표(元斗杓)의 청으로 규정도총섭(糾正都摠攝) 직을 맡아서 무주 적상산성(赤裳山城)에 있는 사고(史庫)를 보호하였다. 1641년(인조 19)백운산 상선암(上仙庵)에 머물렀으며, 1642년 조정에서 천거하여 일본행 사신으로 삼았는데, 선사는 서울로 가다가 노환으로 되돌아왔다. 한편 효종이 즉위하기 전에 안주(安州)에서 만나 화엄(華嚴)의 종지(宗旨)를 물어서 답한 적도 있다. 1646년 희언(熙彦)과 속리산 법주사에 은거하다가 화엄사에서 입적하였다. 나이 86세, 법랍 73세였다.

그의 학문세계와 사상은 禪과 教에 모두 뛰어나 정혜쌍수(定慧雙修)와 교관겸수(敎觀兼修)를 실천하였고, 화엄 등 교학에도 정통하였다. 은혜를 잊지 않는다, 부끄러운 짓을 하지 않는다, 허리를 굽히지 않는다"는 잠언(箴言)을 지어 스스로 지키고 제자들을 가르쳤다. 대표적인 제자로는 취미 수초(翠微守初)와 백곡 처능(白谷處能)이 있으며, 문하의 제자들이 취미파(翠微派)·백곡파(白谷派)·침허파(枕虛派)·고운파(孤雲派)·동림파(東林派)·연화파(蓮花派)·벽천파(碧川派) 등 7파로 나뉘어 그의 선법을 크게 전파하였다. 저서로는 『선원집도중결의(禪源集圖中決疑)』, 『간화결의看話決疑』, 『석문상의초(釋門喪儀抄)』가 있으며, 스승의 시문집인 『부휴당집(浮休堂集)』 5권을 편찬하였다. (출처: 각성, 한국민족문화대백과사전)

화엄사 벽암국일도대선사비(이경석(李景奭) 지음)

<집필자 : 김이동>

참고문헌

기본 사료 및 고지도

『삼국사기』, 『고려사』, 『고려사절요』, 『조선왕조실록』, 『승정원일기』, 『신증동국여지승람』, 『중정남한지』(홍경모), 『남한해위록』(석지형), 『남한일기』(국립중앙도서관소장), 『병자록』(나만갑), 『삼학사전』(규장각 소장), 『남한등록』(서울대 규장각 소장), 『남북한의승방번변통절목』(故조용국 소장), 『남한가람지』(국립중앙도관 소장), 『수어청등록』(규장각 소장). 『남한기략』(김상헌). 『난중잡록』(조경남), 『화포선생문집』, 『충렬공유고』.

「남한산성도」(『해동지도』, 서울대 규장각), 「광주부지도」(『해동지도』, 서울대 규장각), 『광주전도』, 『조선후기지방지도』(서울대 규장각), 「동여도」, 「조선지도」, 『대동여지도』, 「송파진도」(정선, 『경강부임진도』), 「도성연융북한합도(『동국여도』), 「광주읍지」(『경기도읍지』, 아세아문화사).

단행본

장영훈, 『서울풍수』, 도서출판 담디, 2004.

호순신 저·김두 규역, 『지리신법(地理新法)』, 비봉출판사, 2004.

전보삼·심광주·조병로 외, 『남한산성』, 광주시, 2002.

조병로. 심광주·전보삼·강진갑 외, 『숲과 역사가 살아있는 남한산성』, 경기농림진흥재단, 2008.

최진연, 『우리터 우리혼 남한산성』, 다할미디어, 2010.

조병로, 『조선시대 경기지역의 관방과 교통 연구』, 국학자료원, 2013.

홍순석, 『남한산성 역사기행 한시선집』, 문예원, 2020.

광주시·광주문화원, 『번역본 중정남한지』, 2005.

오성·김세민 역, 『중정남한지』, 하남역사박물관, 2005.

이왕무, 『조선후기 국왕의 능행 연구』, 민속원, 2016.

한명기, 『역사평설 병자호란 1.2』, 푸른역사, 2013.

윤용철, 『병자호란 47일의 굴욕』, 말글빛냄, 2013.

전사편찬위원회, 『병자호란사』, 전사편찬위원회, 1986.

하남시사편찬위원회,『역사도시 하남』, 하남시, 2019.
구범진,『병자호란,홍타이지의 전쟁』, 까치, 2019.
전보삼,『남한산성과 팔도사찰』, 대한불교진흥원, 2010.

▌논문

이천우,「남한산성 축성법」,『건축역사연구』18권 5호, 한국건축역사학회, 2009.
강재광, 2018,「1232년 이세화의 광주산성 전투 승첩의 역사적 의미」,『민족문화연구』제78호, 고려대 민족문화연구원.
유승국,「남한산성과 삼학사의 절의정신」,『남한산성과 삼학사(제2회 국제학술회의 발표논집)』, 성남문화원, 1997.
정옥자,「병자호란시 삼학사의 활동과 의의」,『남한산성과 삼학사 (제2회 국제학술회의 발표논집)』, 성남문화원, 1997.
성남문화원부설 향도문화연구소,『남한산성과 삼학사』(제2회 국제학술회의 발표논집), 1997.
김문식,「조선후기 국왕의 남한산성 행차」,『조선시대사학보』, 60권, 조선시대 사학회, 2012.
홍성욱,「조선 숙종대 남한산성 정비와 외성 축조의 의미」,『동학연구』, 29, 2010.
전영준,「벽암 각성의 남한산성 축성과 사원 중창」,『한국인물사연구』, 12, 2009.
백종오,『남한산성 신남성의 구조와 축성 의미」,『문화사학』, 35호, 2011.
하성래,「《광영계록》의 천주교인 동향보고서-남한산성 순교자를 중심으로」,『교회사학』, 1, 2004
이현희,「남한산성의 축성」,『동국사학』, 33, 1999.
유승주,「남한산성의 행궁・객관・사찰건립고」,『한국사연구』, 120, 2003.
전보삼,「남한산성의 민족정신 연구」,『민족과문화』, 3, 1995.
조병로,「17,8세기 남한산성의 재수축에 관한 일고찰 : 최근에 발견한 금석문을 중심으로」,『경기사론』, 1, 1997.
조낙영,「19세기 광주유수부의 남한산성 재정운영 –세입항목을 중심으로」,『대동문화연구』, 76, 2011.

허태구, 「병자호란 강화 협상의 추이와 조선의 대응」, 『조선시대사학보』, 52, 2010.
서태원, 「조선후기 광주의 군사지휘체계 변천」, 『역사와 실학』, 29, 2006.

▍발굴보고서 및 연구총서

한국토지공사 토지박물관, 『남한산성 행궁지-시굴조사보고서』, 1999.
중원문화재연구원, 『남한산성-암문(4)·수구지 일대 발굴조사』, 2007.
한국토지공사 토지박물관, 『남한산성 문화유적-지표조사보고서』, 2000.
한국토지공사 토지박물관, 『남한산성 행궁지-2차발굴조사보고서』, 2000.
한국토지공사 토지박물관, 『남한산성 행궁지-3차발굴조사보고서』, 2001.
한국토지공사 토지박물관, 『남한산성-발굴조사보고서』, 2002.
한국토지공사 토지박물관, 『남한산성 행궁지-4·5차발굴조사보고서』, 2003.
한국토지공사 토지박물관, 『남한산성 행궁지-6차발굴조사보고서』, 2004.
토지박물관.광주군, 『남한산성문화유적 지표조사보고서』, 2000.
광주군, 『광주군의 역사와 문화유적』, 2000.
한국토지주택공사 토지주택박물관, 『남한행궁지-7·8차조사보고서』, 2010.
경기문화재단.경기문화재연구원 외, 『남한산성 한흥사지 발굴조사보고서』, 2014.

남한산성 세계유산적 가치발굴을 위한 학술연구, 『남한산성 연구총서』 1권, 경기
　　도.경기문화재단.남한산성문화관광사업단,2011
고지도.옛사진자료집:100년의 풍경, 『남한산성 사료총서』 2권, 경기도.경기문화재
　　단.남한산성문화관광 사업단, 2012.
국내 성곽의 보존과 활용, 『남한산성 연구총서,』 9권, 경기도남한산성세계유산센
　　터,2018.
조선의 신하,남한산성에서 나라를 지키다. 『남한산성 사료총서』 5권,경기문화재
　　단.남한산성문화관광사업단, 2014.

▌인터넷 사이트

국가유산청 https://www.khs.go.kr/
국사편찬위원회 https://www.history.go.kr/
한국학중앙연구원 https://www.aks.ac.kr/
경기도남한산성세계유산센터 https://www.gg.go.kr/namhansansung-2/
경기문화재단 경기역사문화유산원 https://www.ggcf.kr/
남한산성역사문화관 https://gjicp.ggcf.kr/pages/Namhansanseong
토지주택박물관 https://museum.lh.or.kr/main.do
광주문화원 http://www.gjmh.or.kr/
성남문화원 https://www.seongnamculture.or.kr/
하남문화원 http://www.하남문화원.kr/
강동문화원 http://www.gdcc.or.kr/
송파문화원 https://www.spcc.or.kr/

▌김기영(金箕寧) 한국문화사 및 풍수지리연구가

서울대학교 및 동 대학원 졸업

동국대학교 대학원 윤리문화학과 졸업(문학박사)

현재 위례역사문화연구소 이사장, 문화재풍수연구소장

논저; 「조선시대 호불론 연구」 『위례 마을의 역사와 문화(공저)』 외 다수

▌김명섭(金明燮) 독립운동사 연구가

단국대학교 대학원 사학과 졸업. 문학박사

현재 단국대학교 동양학연구원 초빙교수, 위례역사문화연구소 학술이사

논저; 『대일항쟁기 민족지도자들이 꿈꾼 나라』 한가람역사문화연구소, 2022. 외 다수

▌김이동(金利東) 지역사 연구가

공주대학교 역사교육과 졸업

공주대학교 대학원 졸업. 문학석사

신평중학교 및 연천고등학교 교장

현재 광주문화원 광주학연구소 부소장

논저; 「남한산성면의 사회, 문화적 고찰」 『광주학연구』 9, 2023 외 다수

▌심광주(沈光注) 한국 성곽 연구가

한양대학교 사학과 및 대학원 졸업

상명대학교 대학원 졸업. 문학박사

전 토지주택박물관장

경기도 및 서울시 문화유산위원

국가유산청 고도보존 중앙위원회위원.

현재 경상남도 문화유산위원

논저; 『연천의 고구려』 『전통시대의 토목문명』(공저),

　　『숲과 역사가 살아있는 남한산성』(공저), 『가야인의 기술』(공저) 등 다수

▌ 조병로(趙炳魯) 한국교통사 및 남한산성 연구가

동국대학교 대학원 사학과, 동 대학원 석·박사 졸업. 문학박사
경기대학교 인문대학 사학과 교수.
현재 경기대학교 사학과 명예교수, 위례역사문화연구소 초대 이사장. 이사,
    광주문화원 광주학연구소 연구위원
저서: 『남한산성』 (공저,광주시, 2002),
      『숲과 역사가 살아있는 남한산성』 (공저,경기농림진흥재단,2008)
      『조선시대 경기지역 관방과 교통연구』 (국학자료원,2013) 외 다수.

▌ 최규근(崔圭根) 시인

전북대학교 졸업
전남대학교 대학원 심리학 이수
한국사진문학등단(2021)
한국사진문학 회장(2023~2024)
저서; 디카시집 DMZ아리랑. 남한산성 신아리랑 외 다수

사진 제공

▌ 강희갑(姜熙甲) 사진작가

성균관대학교 졸업
현재 벨라비타(주) 대표/강희라이프(주) 대표
재능나눔공헌 대상 수상
대한민국현대미술대전 수상
대한민국 글로벌파워브랜드 대상 수상
이방(異邦)이노센트(Innocent).한국의 국립공원
성곽의 빛. 남한산성 일출 등 개인전 다수

▌ 최규근(崔圭根) 시인